우리가 매일 쓰는 이 입말, 일본어로 어떻게 말할까요?

일본네이티브가
가장 많이 쓰는
일본어
표현 *BEST*

일본네이티브가 가장 많이 쓰는 일본어 표현 *BEST*

초판 1쇄 발행	2010년 2월 10일
초판 3쇄 발행	2015년 4월 7일
저　　자	김가영 편저, 김지영 감수
발 행 인	윤우상
책임편집	윤병호, 최준명
북디자인	Design Didot 디자인디도
발 행 처	송산출판사
주　　소	서울특별시 서대문구 홍제 4동 104-6
전　　화	(02) 735-6189
팩　　스	(02) 737-2260
홈페이지	http://www.songsanpub.co.kr
등록일자	1976년 2월 2일. 제 9-40호

ISBN	978-89-7780-139-4　13730

우리가 매일 쓰는 이 입말, 일본어로 어떻게 말할까요?

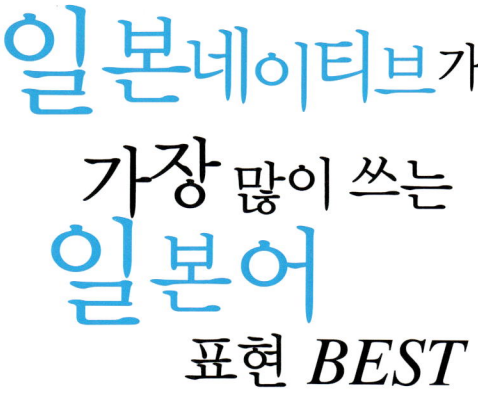

일본네이티브가
가장 많이 쓰는
일본어
표현 *BEST*

김가영 편저 · 김지영 감수

송산출판사

머리말

　모든 학습에는 동기유발이 중요한 요소로 작용한다. 동기유발의 방법에는 다양한 것들이 있겠지만 그 중에서도 필자는 외국어가 필요에 의해 배우는 분야인 만큼 학습자가 흥미를 느끼는 동시에 일상생활에서 활용도가 높아야 지속적인 학습이 가능할 것이라 생각하였다.

　그러한 가운데 필자가 착안한 것이 초, 중급 학습자를 대상으로 한 실용적인 입말표현 사전이다. 문법과 사전의 틀에서 벗어나 실제로 현지에서 사용되는 표현을 우선순위에 따라 익힘으로서 직접적인 커뮤니케이션 능력을 향상시키는데 중점을 두었다.

　일본어는 성별, 연령별, 지역별 차이가 큰 언어이지만 이러한 차이를 반영한 교재가 부족하여 국내 학습자로 하여금 부자연스러운 일본어를 구사하는 사례를 종종 목격하게 된다. 본 교재에서는 표제어가 포함된 예문을 남성어와 여성어로 나누어 복잡한 설명 대신 어감을 터득하도록 구상하였다.

　이 책이 국내 일본어학습자에게 새로운 방향을 제시하고 자연스러운 표현 구사 및 실력향상에 조금이나마 도움이 되기를 기대해 본다.

　마지막으로 이 책이 출판되기까지 많은 분들의 관심과 조언이 있었다. 늘 일본어 보급에 힘써주시는 윤우상 사장님, 세세한 부분까지 디자인과 교열에

마음써주신 윤병호과장님, 최준명대리님, 늘 일본어교육에 대해 조언을 아끼지
않는 김지원씨, 그리고 마지막으로 늘 같은 길을 걷고 있는 사랑하는 어머니,
아버지께 진심으로 감사의 말씀을 전하고 싶다.

2009. 07.13
편저자

이 책은 이런 점이 좋아요!

1. 우리가 매일 쓰는 우리말 표현을 수집하여 1000개를 선정했습니다.

선정한 1000개를 일본어를 학습하는 중학생, 고등학생, 대학생, 일본어 교사, 일반인을 표집하여 설문조사 했습니다. 설문을 통해 우리가 매일 쓰는 입말 중에서 일본어로 가장 궁금한 표현 BEST 300개를 뽑아서 [1위부터 300위] 순위를 선정했습니다.

2. 정말 알고 싶은 일본어 표현을 재미있고 가볍게 익힐 수 있습니다.

표제어에 맞는 상황을 제시하고 간단한 대화내용을 함께 수록하여 확실한 어감을 익힐 수 있도록 했습니다.

3. 표제어 순위를 한눈에 볼 수 있도록 목차를 구성했습니다.

표제어 순위를 12개씩 배치하여 본문내용을 쉽고 간단하게 접할 수 있습니다. 하루에 30분 투자로 효과적인 학습이 가능합니다.

4. 한국어 – 일본어 동시녹음 하였습니다.

녹음을 듣기만 하여도 자연스런 일본어표현을 익힐 수 있습니다. 대화문에서 표제어를 반복함으로써 상황 맞는 대화를 미리 접할 수 있습니다.

5. 가나다색인

부록편의 우리말색인으로 바로 찾아 일본어를 확인할 수 있도록 가나다순으로 배열하였습니다.

일본 네이티브가 가장 많이 쓰는 일본어 표현 BEST

학습방법

Step 1   전체 내용을 읽으면서 살아있는 언어표현을 느껴보세요.

이 책은 우리가 일상생활에서 매일 서로 주고받는 말 중에서 쉽고 유용한 표현 내용을 담고 있습니다. 학습자는 먼저 소설 읽듯이 처음부터 끝까지 한 번 쭉 읽어보는 것이 가장 중요 합니다. 일본어 표현 BEST 순위를 보면서 네이티브의 어감을 느껴보세요.

Step 2   일본 네이티브처럼 일본어로 말해보세요.

우리말 표현을 보고 떠오르는 대로 아는 단어와 표현을 모두 떠올려서 일본어로 말해보세요. 그 후에 일본어 표현을 보고 어떤 의미인지 생각해봅니다. 마음에 드는 표현들은 달달 외워서 말해보거나, 그때그때 말하고 싶었던 표현들만 따로 모아서 노트에 정리하고 익혀서 네이티브처럼 말하세요.

Step 3   MP3를 듣고 큰소리로 말해보세요.

자신의 목소리를 느낄 수 있을 정도로 용기 있게 큰소리를 내어 문장을 읽어보세요. 입을 신나게 움직이고 큰소리 내어 연습해야 어떤 상황에서도 바로 말할 수 있습니다. 네이티브 음성의 MP3를 듣고 비슷한 발음을 내도록 꾸준히 반복하여 듣고 따라 말해보세요. 큰소리로 말하는 것은 상당히 효과적이어서 발음도 좋아지고 청취력도 향상될 것입니다.

Step 4   하루에 딱 30분만 받아쓰기를 활용하세요.

네이티브가 일상에서 자주 쓰는 표현 BEST 300을 하루에 딱 30분만 듣고 받아쓰기 해보세요. 받아쓰기는 그 날 암기한 내용을 스스로 확인해 볼 수 있고, 암기한 표현을 자신 있게 말할 수 있는 지름길입니다.

일러두기

1. 본 책은 설문조사를 통해 우리가 매일 쓰는 입말 중에서 일본어로 가장 궁금한 표현 **BEST 300**개를 뽑아서 1위부터 300위까지 순위를 선정한 것이다. 표제어는 12개씩 묶고, 본문내용은 짝수 페이지와 홀수 페이지로 나누어 각각 상황제시 표제어 및 대화문 해석, 일본어 표제어와 대화문을 수록하였다. 이에 따라 학습자는 확실한 어감을 익힐 수 있도록 구성되어 있다.

2. 일본어는 주어의 성별에 따라 명사 및 형용사, 혹은 어말어미 등이 달라질 수 있으며, 이에 따른 어감차이를 살리기 위하여 대화문은 **A:여성어, B:남성어, C:공용어** 표현으로 나누어 수록하였다. 이 때, 표현 자체는 공용어이나 문맥상 성별이 나누어지는 표현은 그 상황에 맞게 성별을 설정하였다.

난 못하 겠어.	주어가 남성인 경우 (1인칭)	<ruby>俺<rt>おれ</rt></ruby>にはできないよ。 **//** <ruby>僕<rt>ぼく</rt></ruby>にはできないよ。
	주어가 여성인 경우 (1인칭)	<ruby>私<rt>わたし</rt></ruby>にはできないよ。
너도 갈래?	주어가 남성인 경우 (2인칭)	お<ruby>前<rt>まえ</rt></ruby>も<ruby>行<rt>い</rt></ruby>く? **//** <ruby>君<rt>きみ</rt></ruby>も<ruby>行<rt>い</rt></ruby>く?
	주어가 여성인 경우 (2인칭)	あんたも<ruby>行<rt>い</rt></ruby>く?
그 말 진짜 지?	주어가 남성인 경우 (어말어미)	それ、<ruby>本当<rt>ほんとう</rt></ruby>だな。
	주어가 여성인 경우 (어말어미)	それ、<ruby>本当<rt>ほんとう</rt></ruby>ね。

3. 같은 일본어 표현이라도 우리말로 옮길 때는 상황에 따라 또는 듣는 대상에 따라
   다르게 표현될 수 있다.

   - 私^{わたし}だって知^しらないよ。

     (나도 모르지. // 나도 몰라. // 나도 모른다고. // 나도 몰라요.)

   - ケンカ売^うってるわけ?

     (시비거는거냐? // 시비거는거야? // 시비걸어? // 시비거는거에요?)

4. 이 책 대부분의 표현과 예문들은 친한 사이에서 이루어지는 구어체이기 때문에
   표준어와 더불어 젊은 층에서 즐겨 사용하는 격의없는 표현을 다수 수록하었다.

   - うざい (짜증나)
   - 超^{ちょう}・めちゃ (매우)
   - まじ (진짜)
   - うまい (맛있다) 등등

5. 네이티브의 음성을 들으며 학습할 수 있는 CD 녹음 시에는 실제 일본인들이
   발음하는 대로 녹음하였다.

   - 어리광 부리지 마. 甘^{あま}えるな。→甘^{あま}えんな。
   - 짱이다! すごい!→すげー!
   - 정말 本当^{ほんとう}→ホント

차례

차례

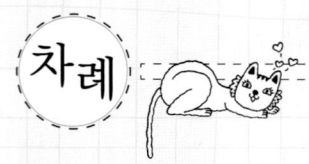

차례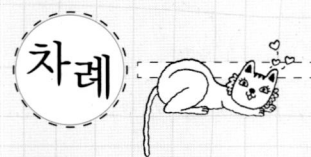

차례

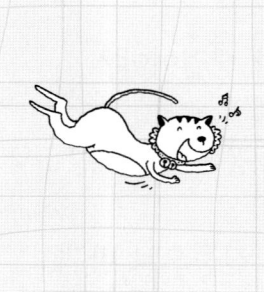

1위 - 12위

001위	안녕.
002위	짱 웃겨!
003위	기분 짱이야!
004위	오늘은 내가 쏠게.
005위	리플 달아놨어.
006위	오버하네.
007위	쟤 완전 얼짱이지!
008위	별로 안 땡기는데.
009위	수고했어.
010위	너 설마 쌩얼이야?
011위	아직도 꽁하고 있니?
012위	핸드폰 진동으로 바꿔.

1위 – 12위

001위 お~っす。

002위 超うける!

003위 最っ高!

004위 今日は私がおごるよ。

005위 レス付けといたよ。

006위 大げさだなぁ。

007위 あの子超イケ面じゃない?

008위 あまり気乗りしないなぁ。

009위 おつかれ~。

010위 あんたまさかすっぴん?

011위 まだ根に持ってるわけ?

012위 携帯バイブに変えろよ。

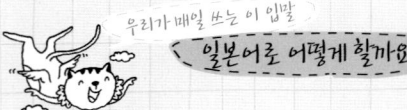

001위 주로 젊은 층에서 친한 사람 간 만났을 때 편하게 나누는 인사표현

안녕.

B: 안녕.
C: 아, 왔다왔어. 키무라, 수학 숙제 좀 보여줘.

해설 : 남성들이 누군가를 만났을 때 즐겨 사용하는 표현으로 격의 없는 표현이다.

002위 재미있는 대상이 있을 때

짱 웃겨!

A: 이 사진 봐봐! 애 얼굴 짱 웃겨!
B: 어디어디? 나도 보여줘.

해설 : 超는 최근 젊은 층에서 즐겨쓰는 표현으로 '짱, 완전, 너무나'라는 뜻으로 사용된다.

003위 어떤 일로 마음이 아주 흡족할 때

기분 짱이야!

C: KAT-TUN 콘서트에 갈 수 있게 됐어. 완전 기분 짱이야!
C: 잘됐네.

일본 네이티브가 매일 쓰는 이 입말

이해할 수 있나요?

001위 お~っす。

B お~っす。

C あ、来た来た。木村、数学の宿題
　見せてくれる?

002위 超うける!

A この写真見て! 彼の顔、超うける!
B どれどれ。俺にも見せて。

003위 最っ高!

C KAT-TUNのコンサートに行けることになったんだ。
　もう最っ高!

C よかったね。

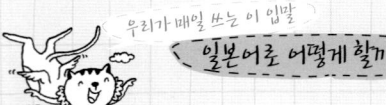

004위 기분이 좋아 한 턱 낼 때

오늘은 내가 쏠게.

A: 시험도 무사히 통과했고 하니 오늘은 내가 쏠게.
C: 정말? 앗싸!

005위 인터넷 게시판에 적힌 글에 답글을 적었을 때

리플 달아놨어.

C: 게시판에 글 남긴거 봤어?
C: 응. 보고 리플 달아놨어.

006위 정도를 넘어서 야단스럽게 떠드는 사람을 보고

오버하네.

C: 아야!
B: 오버하네. 조금 부딪힌 것 뿐이잖아.

일본 네이티브가 매일 쓰는 이 입말
이해할 수 있나요?

004위 今日は私がおごるよ。

A 試験も無事パスしたことだし、今日は私がおごるよ。

C マジ？ ラッキー。

005위 レス付けといたよ。

C 掲示板に書き込みしたの見てくれた？

C ああ、見てレス付けといたよ。

006위 大げさだなぁ。

C いたっ!

B 大げさだなぁ。

ほんのちょっとぶつかっただけだろ。

25

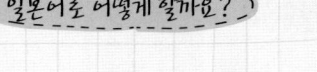

007위 잘 생긴 남자애를 보고

쟤 완전 얼짱이지!

A: 야 봐봐! 쟤 완전 얼짱이지!
C: 음~ 그럭저럭?

008위 그다지 마음이 내키지 않을 때

별로 안 땡기는데.

C: 그럴 땐 기분전환삼아 신나게 노는게 좋아. 노래방 어때?
C: 별로 안 땡기는데.

009위 학교나 직장 동료들 끼리 헤어질 때 자주 쓰는 인사말

수고했어.

C: 오늘 수고했어. 뒷풀이 오지?
C: 응. 당연히 가지.

26

007위 あの子超イケ面じゃない？

A ねねね、見て見て。あの子超イケ面じゃない？

C う~ん。まあまあかな。

008위 あまり気乗りしないなぁ。

C そういう時は気分転換にぱ~っと遊んだ方がいいよ。
カラオケなんか、どう？

C あまり気乗りしないなぁ。

009위 おつかれ~。=おつかれさん。

C 今日はおつかれ～。打ち上げも来るよね？

C うん。行く行く。

27

010위 화장 안 한 친구에게

너 설마 쌩얼이야?

A: 오늘 평상시랑 다른데 너 설마 쌩얼이야?
A: 그게 어쩔 수 없었어.

011위 어떤 일을 잊지 않고 계속해서 언짢게 여기는 사람에게

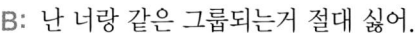

아직도 꽁하고 있니?

B: 난 너랑 같은 그룹되는거 절대 싫어.
C: 요전 소풍갈 때 버스에서 옆자리에 앉지 않았다고 아직도 꽁하고 있니?

012위 공연을 관람하면서

핸드폰 진동으로 바꿔.

B: 영화 감상중이잖아. 핸드폰 진동으로 바꿔.
C: 미안. 깜빡했다.

일본 네이티브가 매일 쓰는 이 말말
이해할 수 있나요?

010위 あんたまさかすっぴん?

A 今日いつもと違うけど、あんたまさかすっぴん?

A それがどうしようもなかったのよ。

011위 まだ根に持ってるわけ?

B 俺はお前と一緒のグループになるの絶対嫌だからな。

C この前の遠足のバスで隣に座らなかったこと、
　まだ根に持ってるわけ?

012위 携帯バイブに変えろよ。

B 映画鑑賞中だろ。携帯バイブに変えろよ。

C ごめん。忘れてた。

29

13위 – 24위

013위   진짜 맛있다!

014위   진짜 짜증나.

015위   짱 배고파.

016위   잘 지냈어?

017위   이따가 문자 할게.

018위   오늘 술자리 있대.

019위   비밀이야.

020위   힘들었지.

021위   폰 울린다.

022위   원샷!

023위   기대된다.

024위   당근은 못 먹어요.

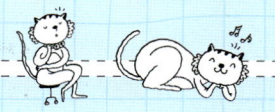

13位 – 24位

013位 めちゃくちゃうまい!

014位 超^{ちょう}うざい。

015位 おなかぺこぺこだよ。

016位 元気^{げんき}だった?

017位 後^{あと}でメールするね。

018位 今日^{きょうの}飲み会^{かい}あるんだって。

019位 ナイショだよ。

020位 大変^{たいへん}だったね。

021位 携帯^{けいたい}鳴^なってるよ。

022位 一気^{いっき}!

023位 楽^{たの}しみだね。

024位 にんじんは苦手^{にがて}です。

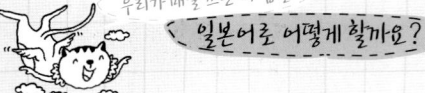

013위 맛난 음식을 먹었을 때

진짜 맛있다!

B: 진짜 맛있다! 역시 네가 만들어주는게 제일 맛있어.
A: 어머, 고마워.

해설 :「うまい」는「おいしい」와 동일한 뜻으로, 특히 남성을 중심으로 일상적으로 자주 쓰이는 표현이다.

014위 마음에 들지 않는 상황이나 사람에 대하여 주로 젊은 층에서 사용하는 말

진짜 짜증나.

A: 갠 항상 불만투성이어서 진짜 짜증나.
C: 맞아맞아.

해설 : 동일한 뜻을 가진 표현으로 세대에 관계없이「うっとうしい」를 쓸 수 있다.

015위 밥 때가 지나 매우 출출할 때

짱 배고파.

C: 밥 아직이야? 짱 배고파.
C: 조금만 더 기다려.

일본 네이티브가 매일 쓰는 이 입말

이해할 수 있나요?

013위 ## めちゃくちゃうまい!

B めちゃくちゃうまい! やっぱり君(きみ)の作(つく)ってくれるものが
一番(いちばん)うまいよ。

A まあ、ありがとう。

014위 ## 超(ちょう)うざい。

A あの子(こ)いつも文句(もんく)たれたれで超(ちょう)うざい。

C あ、分(わ)かる分(わ)かる。

015위 ## おなかぺこぺこだよ。

C ご飯(はん)、まだ~? おなかぺこぺこだよ。

C もう少(すこ)しだけ待(ま)って。

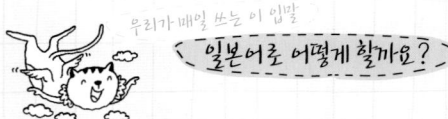

016위 오랜만에 만난 사람들이 나누는 안부 인사

잘 지냈어?

C: 오랜만이야. 잘 지냈어?
C: 잘지냈지!

017위 직접 말하기가 곤란할 때

이따가 문자 할게.

C: 여기서 말하는 것도 뭣하니까 이따가 문자 할게.
A: 아 그럼 내 문자 주소는…….

해설 : 일본에서는 핸드폰 문자 메시지(メール)를 보낼 때, 서로 다른 통신사 가입자간에는 전화번호와 별도로 문자 메시지 송신용 주소를 알아야 송신 가능하다.

018위 모임 정보를 전달할 때

오늘 술자리 있대.

C: 오늘 술자리 있대.
C: 그래? 어디서 몇시에?

이해할 수 있나요?

016위 元気だった？

C 久しぶり。元気だった？

C 元気元気!

017위 後でメールするね。

C ここで言うのもなんだし、後でメールするね。

A あ、じゃあ私のメルアドはね……。

018위 今日飲み会あるんだって。

C 今日飲み会あるんだって。

C へえ。どこで、何時から？

35

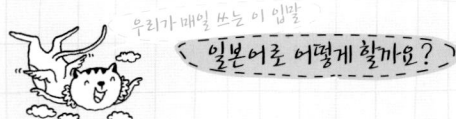

019위 타인에게 알려지고 싶지 않은 일일 때

비밀이야.

A: 나 아까 노구치한테 고백받았어. 비밀이야.
A: 와! 잘됐네! 축하해. 절대 아무한테도 말 안할게.

020위 다른 사람의 노고를 위로하거나 치하하는 표현

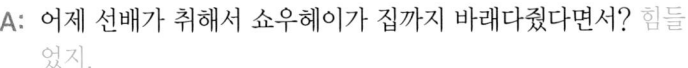

힘들었지.

A: 어제 선배가 취해서 쇼우헤이가 집까지 바래다줬다면서? 힘들
었지.
B: 응, 그 사람 나보다 크니까 데리고 가기가 꽤 힘들었어.

021위 핸드폰 착신음을 듣지 못한 친구에게

폰 울린다.

C: 폰 울린다. 문자온거 아냐?
C: 아, 정말이네.

A : 여성　　B : 남성　　C : 공통

1－12

13－24

25－36

37－48

49－60

일본 네이티브가 매일 쓰는 이 입말

이해할 수 있나요?

019위 ナイショだよ。

A 私、さっき野口君に告白されちゃったんだ。
ナイショだよ。

A えっ! やったじゃん。おめでとう!
絶対誰にも言わない。

020위 大変だったね。

A 昨日、先輩酔っ払って、昇平が家まで送って行ったんだって? 大変だったね。

B うん、あの人俺よりデカイから連れて帰るの結構きつかったよ。

021위 携帯鳴ってるよ。

C 携帯鳴ってるよ。メール来たんじゃない?

C あ、本当だ。

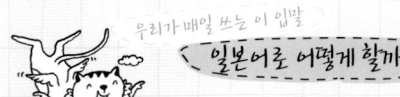

022위 술을 단숨에 마시기를 권할 때

원샷!

B: 나 술 약해서 더 이상 못마시겠어.
C: 그런 말 하지 말고 원샷! 원샷!

023위 어떤 일을 앞두고 설레이는 마음

기대된다.

C: 내일 미팅 기대된다.
B: 맞아! 뭐니뭐니해도 상대가 그 명문고니까 말이야!

024위 음식을 만드는 사람에게 본인의 기호를 전달할 때

당근은 못 먹어요.

C: 익힌 당근은 못 먹어요. 하지만 생은 괜찮아요.
C: 그럼 샐러드로 할까요?

해설 : 사람, 음식, 행위, 사물 등에 대해 꺼려함을 완곡하게 전달할 때 「苦手です」라는 표현을
     사용한다.

022위 一気！
<small>いっ き</small>

B 俺酒弱いからこれ以上飲めないよ。
<small>おれさけよわ</small>　<small>いじょう の</small>

C そんなこと言わないで、一気一気！
<small>い</small>　　　　<small>いっき いっき</small>

023위 楽しみだね。
<small>たの</small>

C 明日の合コン、楽しみだね。
<small>あした ごう</small>　<small>たの</small>

B そう！ なんたって相手はあの名門校だもんな！
<small>あいて</small>　　<small>めいもんこう</small>

024위 にんじんは苦手です。
<small>にが て</small>

C 炒めたにんじんは苦手です。
<small>いた</small>　　　　<small>にがて</small>
でも、生は大丈夫かな。
<small>なま だいじょうぶ</small>

C じゃあ、サラダにしましょうか。

39

25위 – 36위

025위 벨소리 좋다!

026위 부탁이 있어.

027위 큰일 났어!

028위 어이없다.

029위 아쉽다!

030위 아~ 배부르다!

031위 막차 언제야?

032위 땡땡이 쳤어.

033위 이거 받아.

034위 늦잠 잤어.

035위 간당간당 통과!

036위 완전 밥맛이야!

25위 − 36위

025위 着メロいいね!
ちゃく

026위 お願いがあるの。
ねが

027위 ヤバイ!

028위 わけわかんねぇ。

029위 残念!
ざんねん

030위 あ〜、お腹いっぱい!
なか

031위 終電、何時?
しゅうでん なんじ

032위 サボっちゃった。

033위 これ、どうぞ。

034위 寝坊しちゃった。
ね ぼう

035위 ぎりぎりセーフ!

036위 マジむかつく!

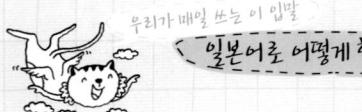

025위 휴대폰 착신음이 울리는 것을 듣고

벨소리 좋다!

C: 벨소리 좋다!
A: 그치? 바꾼지 얼마 안됐어.

026위 친구에게 정식으로 부탁할 때

부탁이 있어.

A: 부탁이 있어. 잠깐 좀 괜찮아?
C: 뭐야, 정색하고는. 무섭잖아.

027위 좋지 않은 상황이 생겼을 때

큰일 났어!

C: 큰일 났어! 오늘은 출석 제대로 불렀대. 어떡하지.
B: 정말? 난 레포트도 안냈어.

해설 : 반어적으로 매우 좋다는 뜻으로 쓰이기도 한다. 예를 들어 아주 맛있는 음식을
　　　 먹었을 때에도 동일한 표현을 쓸 수 있다.

일본 네이티브가 매일 쓰는 이 입말

이해할 수 있나요?

025위 着メロいいね!

C 着メロいいね!

A でしょ? 変えたばかりなの。

026위 お願いがあるの。

A お願いがあるの。ちょっといいかな。

C 何、改まって。怖いよ、ちょっと。

027위 ヤバイ!

C ヤバイ! 今日はちゃんと出席とったらしいよ。どうしよう。

B マジ? 俺、レポートも出してないよ。

028위 심정적으로 받아들이기 힘든 상황에 대해

어이없다.

B: 왜 내가 짐 다 들어야 하는데. 어이없다.
A: 네가 제일 젊잖아. 잔말말고 해.

029위 유감스러움, 아쉬움 등을 나타낼 때

아쉽다!

C: 비 와서 중지되다니 아쉽다! 기대하고 있었는데.
C: 그러게말이야. 다음주엔 맑았으면 좋겠다.

해설 : 상대방이 처한 상황에 대한 가벼운 동정의 표현. '안타까운데'로도 흔히 쓰인다.
　　例　C: 昨日授業で寝てたら先生にあてられた。 C: 残念！
　　　　 C: 어제 수업 시간에 자고있었더니 선생님이 날 시켰어. C: 안타까운데!

030위 마음껏 먹어서 포만감을 느낄 때

아～ 배부르다!

C: 아～ 배부르다!
B: 먹으니까 왠지 졸립지 않냐?

일본 네이티브가 매일 쓰는 이 입말
이해할 수 있나요?

028위 **わけわかんねぇ。**

B 何（なん）で俺（おれ）にばっか荷物（にもつ）持（も）たせるんだよ。わけわかんねぇ。

A あんたが一番若（いちばんわか）いでしょ。つべこべ言（い）わない！

029위 **残念（ざんねん）！**

C 雨（あめ）で中止（ちゅうし）になるなんて、残念（ざんねん）！ 期待（きたい）してたのに。

C そうだね。来週（らいしゅう）は晴（は）れるといいね。

030위 **あ～、お腹（なか）いっぱい！**

C あ～、お腹（なか）いっぱい！

B なんか食（く）ったら眠（ねむ）くならないか？

45

031위 마지막으로 운행되는 지하철 시간을 알고 싶을 때

막차 언제야?

C: 막차 언제야?

C: 벌써 끝났어. 오늘은 우리 집에서 자고 가.

해설 : 첫 차는 「始発」라고 한다.

032위 특별한 이유 없이 수업을 빼먹었을 때

땡땡이 쳤어.

C: 어라? 오늘 학원 가는 날 아니었나? 웬일이야, 이 시간대에.

C: 귀찮아서 땡땡이 쳤어.

033위 상대방에게 무언가를 내밀며 권할 때

이거 받아.

C: 이거 받아. 전부터 갖고싶다고 했었지?

C: 와, 받아도 돼? 고마워.

해설 : 「どうぞ」라는 표현은 상대방에게 무언가를 권하거나 양보할 때 쓸 수 있는 표현으로 자리를 양보할 때 쓰면 '여기 앉으세요', 차나 식사를 대접할 때 쓰면 '드세요', 순서를 양보할 때 쓰면 '먼저 가세요'라는 표현이 된다.

일본 네이티브가 매일 쓰는 이 입말

이해할 수 있나요?

031위
終電、何時？
しゅうでん　なん　じ

C 終電、何時？
　しゅうでん　なんじ

C もうなくなったよ。今日はうちに泊まって行きなよ。
　　　　　　　　　　きょう　　　　　と　　い

032위
サボっちゃった。

C あれ？ 今日塾じゃなかったっけ？
　　　　　きょうじゅく
　 どうしたの、この時間帯に。
　　　　　　　　　じかんたい

C めんどくさくてサボっちゃった。

033위
これ、どうぞ。

C これ、どうぞ。前から欲しいって言ってたでしょ？
　　　　　　　　まえ　　ほ　　　　　い

C えっ、いいの？ ありがとう。

47

034위 일정이 있는데 깜빡 늦게 일어났을 때

늦잠 잤어.

C: 어떡해. 늦잠 잤어. 왜 안 깨워 준거야.
A: 몇 번이나 깨웠어.

해설 : 특히 아침에 늦잠을 잤을 경우에는 朝寝坊(あさねぼう)라고 한다.

035위 간발의 차이로 합격선을 넘거나 제한된 시간에 맞췄을 때

간당간당 통과!

C: 레포트 제출까지 5분남았어. 빨리빨리!
C: 지금 보내는... 중... 오오! 다행이다! 간당간당 통과!

해설 : 이 표현은 가까스로 성공한 경우에 사용하며 시간 내 지각하지 않고 들어왔을 때나 경계선
에 아슬아슬 닿지 않았을 때, 스포츠 경기에서 아웃판결을 받지 않고 통과했을 때 등에 사용
할 수 있다.

036위 어떤 대상에 대해 상당히 불만이 쌓여있을 때

완전 밥맛이야!

C: 저 공부벌레자식, 완전 밥맛이야!
A: 냅 둬. 딱히 너한테 뭔 짓 하는 것도 아니잖아.

일본 네이티브가 매일 쓰는 이 입말

이해할 수 있나요?

034위 ねぼう
寝坊しちゃった。

C どうしよう! 寝坊しちゃった。
　　どうして起こしてくれなかったの。

A 何回も起こしたわよ。

035위
ぎりぎりセーフ!

C レポート提出まで後5分だよ。早く早く!

C 今送ってる…ところ… おお! よかった! ぎりぎりセーフ!

036위
マジむかつく!

C あのガリ勉野郎、マジむかつく!

A ほっときなよ。
　　別にあんたに何かするってわけでもないじゃん。

49

37위 – 48위

037위　가본 적 있어?

038위　거짓말쟁이!

039위　징그러워.

040위　걘 정말 말이 많아.

041위　길 완전 밀려.

042위　왜 내 말 씹어!

043위　앗싸!

044위　내일은 날씨 맑대.

045위　쟤네 둘 사귀니?

046위　특이해.

047위　이쪽이 더 좋은데?

048위　사진발 안 받는다.

37位 – 48位

037位 　行（い）ったことある？

038位 　ウソつき!

039位 　きもいよ、ちょっと。

040位 　あいつホントおしゃべりだよね。

041位 　めちゃ混（こ）んでる。

042位 　なんでシカトするの。

043位 　やった~!

044位 　明日（あした）は晴（は）れだって。

045位 　あの二人（ふたり）ってできてんの？

046位 　変（か）わってる。

047位 　こっちの方（ほう）がいいんじゃない？

048位 　写真写（しゃしんうつ）り悪（わる）いね。

037위 특정 장소에 다녀온 경험이 있는지 물을 때

가본 적 있어?

C: 츠카사는 서울 가본 적 있어?
B: 아직 가본 적은 없지만 정말 가보고 싶어.

038위 터무니없는 말이나 달콤한 말로 타인을 속이려는 사람에게

거짓말쟁이!

A: 이 거짓말쟁이! 그런 뻔한 거짓말에 속을 리 없잖아.
C: 진짜라니까. 믿어줘. 정말로 봤단 말이야.

039위 갑자기 능글맞게 웃거나 안하던 애교를 보이는 사람에게

징그러워.

C: 능글맞게 왜이래. 징그러워.
C: 아무것도 아니야.

52

이해할 수 있나요?

037위 行ったことある?

C 司はソウル行ったことある?

B まだ行ったことはないけど、すっげー行ってみたい。

038위 ウソつき!

A このウソつき! そんな見え見えのうそに騙されるわけない
でしょ。

C ホントだってば。信じてよ。本当に見たの!

039위 きもいよ、ちょっと。

C 何にやにやしてんの。きもいよ、ちょっと。

C 別に~。

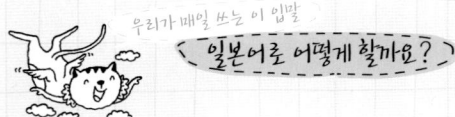

040위 수다스러운 사람에 대해 이야기할 때

걘 정말 말이 많아.

C: 걘 정말 말이 많아. 작업중에도 집중이 안돼서 곤란하다니까.
B: 그치? 어떻게 좀 안되나.

041위 교통이 혼잡하여 길이 꽉 막혀있을 때

길 완전 밀려.

C: 미안. 좀 늦을 것 같아. 교통사고 나서 길 완전 밀려.
C: 추우니까 빨리 와.

042위 부당하게 말이나 행동을 무시당했다고 항의할 때

왜 내 말 씹어!

A: 야! 왜 내 말 씹어!
B: 네 얘기는 끝이 없단말야.

일본 네이티브가 매일 쓰는 이 입말

이해할 수 있나요?

040위 あいつホントおしゃべりだよね。

C あいつホントおしゃべりだよね。
作業中（さぎょうちゅう）も気（き）が散（ち）ってしょうがないよ。

B だよな。どうにかならないかなぁ。

041위 めちゃ混（こ）んでる。

C ごめん。ちょっと遅（おく）れそう。
交通事故（こうつうじこ）でめちゃ混（こ）んでる。

C 寒（さむ）いから早（はや）く来（き）て。

042위 なんでシカトするの。

A ちょっと! なんでシカトするのよ。

B だってお前（まえ）の話（はなし）はきりがないんだもん。

55

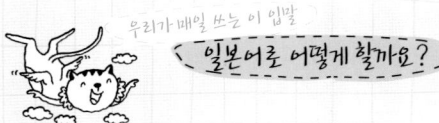

우리가 매일 쓰는 이 입말
일본어로 어떻게 할까요?

043위 신나는 일, 기분좋은 일이 있을 때 외치는 감탄사

앗싸!

C: 앗싸! 이걸로 시험도 끝이다! 오늘부터 신나게 놀아줄테다!
A: 너 설마 발표준비 잊은건 아니겠지?

044위 날씨정보를 전달할 때

내일은 날씨 맑대.

C: 내일은 날씨 맑대. 소풍 갈 수 있어서 다행이다.
C: 뭐! 100% 비 올 줄 알고 벌써 과자 다 먹어버렸는데.

045위 각별히 친밀해 보이는 남녀를 보고

쟤네 둘 사귀니?

C: 쟤네 둘 사귀니? 전혀 몰랐어.
A: 나도 방금 전에 알고 깜짝 놀랐어.

일본 네이티브가 매일 쓰는 이 말말

이해할 수 있나요?

0 43위 やった~!

C　やった~! これで試験も終わり!
　　今日から遊びまくるぞ~!

A　あんたもしかして発表の準備忘れてるんじゃないでしょう
　　ね。

0 44위 明日は晴れだって。

C　明日は晴れだって。遠足行けてよかったね。

C　えっ! てっきり雨だと思っておかしもう食べちゃった。

0 45위 あの二人ってできてんの?
=あの二人って付き合ってんの?

C　あの二人ってできてんの? 全然知らなかった。

A　私もついさっき知ってびっくりしたよ。

046위 사람, 사물, 음식맛 등을 표현할 때

특이해.

C: 그 가방 특이하다. 어디서 샀어?
A: 이거? 이거 내가 직접 만든거야.

해설 : 음식이 맛이 없을 때 완곡하게 표현하기위해「変わった味だね(특이한 맛이다)」라고 이야기하기도 한다.

047위 다른 것을 추천할 때

이쪽이 더 좋은데?

A: 역시 이 치마에는 이 티셔츠가 어울리지?
C: 글쎄. 이쪽이 더 좋은데?

048위 실물에 비해 사진에 찍힌 모습이 못생기게 나왔을 때

사진발 안 받는다.

C: 너 정말 사진발 안 받는다.
C: 실물은 귀엽다는 뜻이야?

일본 네이티브가 배일 쓰는 이 입말

이해할 수 있나요?

046위 **変わってる。**

C　そのバッグ変わってるね。どこで買ったの。

A　これね。これは私の手作りなの。

047위 **こっちの方がいいんじゃない？**

A　やっぱこのスカートにはこのT-シャツが似合うかな。

C　う~ん。こっちの方がいいんじゃない？

048위 **写真写り悪いね。**

C　あんた本当に写真写り悪いね。

C　それ、実物はかわいいってこと？

49위 – 60위

O49위 차였대.

O50위 밤샜어.

O51위 쟤들은 단짝이야.

O52위 핸드폰 줄 귀엽다.

O53위 맛있겠다.

O54위 그만해!

O55위 곱빼기로 주세요.

O56위 어쩐지.

O57위 마음대로 해.

O58위 감기 기운이 좀 있어요.

O59위 반띵하자.

O60위 그것 좀 건네줘.

49위 – 60위

049위 ふられちゃったらしいよ。

050위 オールしちゃった。

051위 あいつらは親友<ruby>親友<rt>しんゆう</rt></ruby>だよ。

052위 ストラップかわいいね。

053위 おいしそう。

054위 やめろ!

055위 <ruby>大盛<rt>おおも</rt></ruby>りで<ruby>お願<rt>ねが</rt></ruby>いします。

056위 どうりで。

057위 <ruby>勝手<rt>かって</rt></ruby>にすれば?

058위 ちょっと<ruby>風邪気味<rt>かぜぎみ</rt></ruby>です。

059위 <ruby>半分<rt>はんぶん</rt></ruby>こしよう。

060위 それ、とって。

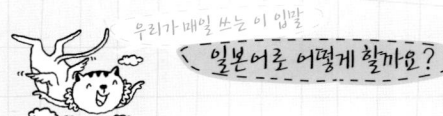

우리가 매일 쓰는 이 말말

일본어로 어떻게 할까요?

049위 실연당한 소문을 듣고 다른 사람에게 이야기할 때

차였대.

C: 왠일이야? 걔가 왠일로 얌전하네?
C: 차였대. 그냥 혼자 있게 놔둬.

050위 밤새 놀거나 일한 후에

밤샜어.

C: 어제 또 밤샜어.
C: 뭐, 또? 그저께도 밤샜다고 하지 않았어? 체력도 좋다!

051위 항상 같이 다니는 아이들을 보고

쟤들은 단짝이야.

B: 쟤들은 단짝이야. 비밀 따위가 있을 리 없잖아.
B: 내가 보기에 그렇지도 않은 것 같던데?

일본 네이티브가 매일 쓰는 이 입말
이해할 수 있나요?

049위 ふられちゃったらしいよ。

C どうしたの？ 彼<ruby>珍<rt>かれめずら</rt></ruby>しくおとなしいじゃん。

C ふられちゃったらしいよ。そっとしといてあげて。

050위 オールしちゃった。

C <ruby>昨日<rt>きのう</rt></ruby>またオールしちゃった。

C えっ、また？ <ruby>一昨日<rt>おととい</rt></ruby>もオールしたって<ruby>言<rt>い</rt></ruby>ってなかった？
<ruby>すごい体力<rt>たいりょく</rt></ruby>！

051위 あいつらは<ruby>親友<rt>しん ゆう</rt></ruby>だよ。

B あいつらは<ruby>親友<rt>しんゆう</rt></ruby>だよ。
<ruby>秘密<rt>ひみつ</rt></ruby>なんかあるわけないじゃん。

B <ruby>俺<rt>おれ</rt></ruby>が<ruby>見<rt>み</rt></ruby>た<ruby>限<rt>かぎ</rt></ruby>りではそうでもないみたいだったけどなぁ。

63

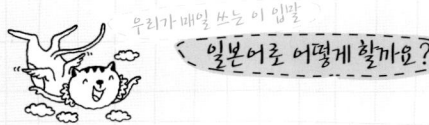
052위 친구의 독특한 핸드폰 악세서리를 칭찬할 때

핸드폰 줄 귀엽다.

C: 핸드폰 줄 귀엽다. 어디서 샀어?
C: 아, 이거? 잡지 부록으로 받았어.

053위 먹음직스럽게 생긴 음식을 보고

맛있겠다.

C: 맛있겠다. 이 케익 정말로 네가 만들었어?
C: 응. 레시피 보면서 만들긴 했지만 말야.

054위 상대의 행동이 거슬리고 마음에 들지 않을 때

그만해!

B: 남에게 폭력을 휘두르는건 그만해!
C: 이건 정당방위야.

052위 # ストラップかわいいね。

C ストラップかわいいね。どこで買_かったの？

C あ、これね。雑誌_{ざっし}の付録_{ふろく}でもらったの。

053위 # おいしそう。

C おいしそう。このケーキ本当_{ほんとう}に自分_{じぶん}で作_{つく}ったの？

C そうだよ。レシピ見_みながらだけどね。

054위 # やめろ!

B 人_{ひと}に暴力_{ぼうりょく}をふるうのはやめろ!

C これは正当防衛_{せいとうぼうえい}だよ。

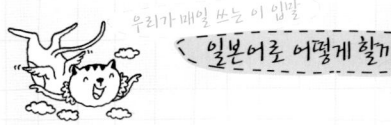

055위 음식 주문 시 일반적인 양보다 더 많은 양을 주문하고자 할 때

곱빼기로 주세요.

B: 아! 배고파. 우동 곱빼기로 주세요.
C: 알겠습니다.

056위 혼자 추측하고 있던 것이 맞아 떨어졌을 때

어쩐지.

A: 나 혼혈이야. 몰랐어?
C: 어쩐지. 왠지 머리 색깔 같은게 미묘하게 다르다고 생각했어.

057위 아무리 조언해 주어도 받아들이지 않는 친구에게 자포자기의
심정으로

마음대로 해.

A: 마음대로 해. 난 더 이상 어떻게 되든 상관안할테니까.
B: 왜 그렇게 화내는거야. 마음 풀어.

일본 네이티브가 매일 쓰는 이 말말

이해할 수 있나요?

055위 大盛りでお願いします。

B　あ~、腹減った~。うどん、大盛りでお願いします。

C　はいよ~。

056위 どうりで。＝やっぱり?

A　私、ハーフなの。知らなかった?

C　どうりで。何か髪の色とか微妙に違うと思ったよ。

057위 勝手にすれば?

A　勝手にすれば? 私はもうどうなっても知らないから。

B　何をそんなに怒ってんだよ。機嫌直せよ。

67

058 감기에 걸려 기운이 없을 때

감기 기운이 좀 있어요.

C: 왜 그래? 어디 안 좋아 보이는데.
C: 감기 기운이 좀 있어요.

059 둘이서 동일하게 나누자는 제안을 할 때

반띵하자.

C: 그럼 이건 반띵하자.
C: 그래. 그게 제일 공평하지.

060 멀리 있는 것을 넘겨줄 것을 부탁할 때

그것 좀 건네줘.

C: 그것 좀 건네줘. 거기 소금.
C: 여기.

68

A : 여성　　B : 남성　　C : 공통

1 - 12

13 - 24

25 - 36

37 - 48

49 - 60

일본 네이티브가 매일 쓰는 이 입말

이해할 수 있나요?

058위 ちょっと<ruby>風邪<rt>か ぜ</rt></ruby><ruby>気味<rt>ぎ み</rt></ruby>です。

C どうしたの、<ruby>具合<rt>ぐあい</rt></ruby><ruby>悪<rt>わる</rt></ruby>そうだけど。

C ちょっと<ruby>風邪<rt>か ぜ</rt></ruby><ruby>気味<rt>ぎ み</rt></ruby>です。

059위 <ruby>半分<rt>はんぶん</rt></ruby>こしよう。

C じゃあこれは<ruby>半分<rt>はんぶん</rt></ruby>こしよう。

C そうだね。それが<ruby>一番<rt>いちばん</rt></ruby>フェアだね。

060위 それ、とって。

C それ、とって。そこの<ruby>塩<rt>しお</rt></ruby>。

C はい。

61위 - 72위

061위 좀 깎아 주세요.

062위 왜 그렇게 다운됐어?

063위 인기쟁이구나.

064위 이모티콘 꽤 많이 쓰네.

065위 쉬고 싶어.

066위 우리 뭐 좀 시켜먹을까?

067위 좋은 생각이 있어.

068위 핑계 대지마.

069위 짱이다!

070위 완전 실망이야.

071위 삐쳤니?

072위 폼 잡지 마.

61位 – 72位

061位 もうちょっと安（やす）くしてもらえませんか。

062位 何（なん）でそんなに沈（しず）んでんの？

063位 人気者（にんきもの）だね。

064位 絵文字（えもじ）結構（けっこう）使（つか）うんだね。

065位 休（やす）みたいよ。

066位 出前（でまえ）とる？

067位 いい考（かんが）えがあるよ。

068位 言（い）い訳（わけ）するな。

069位 すげー!

070位 ホントがっかりだよ。

071位 すねてんの？

072位 かっこつけんなよ。

우리가 매일 쓰는 이 입말

일본어로 어떻게 할까요?

061위 가격이 너무 비싸 부담을 느낄 때

좀 깎아 주세요.

C: 좀 깎아 주세요.
C: 그럼 1500엔에 어때?

062위 상대방이 기운이 없고 우울해 보일 때

왜 그렇게 다운됐어?

C: 왜 그렇게 다운됐어?
A: 남자친구랑 대판 싸우고 1주일째 못 만났어.

해설: '(충격적인 일로)나 완전히 다운됐어'라고 1인칭으로 이야기할 때는「撃沈だよ」라고 한다.

063위 많은 사람들의 관심이나 호감을 받고 있는 친구에게

인기쟁이구나.

A: 아까부터 문자 짱 많이 오던데 너 완전 인기쟁이구나.
C: 아니야. 다 일 관련이야.

해설: 특히 이성에게 인기가 많을 땐「もてる」라는 동사를 사용하여「もてもてだね」라고 표현한다.

A : 여성　B : 남성　C : 공통

61 — 72

73 — 84

85 — 96

97 — 108

109 — 120

일본 네이티브가 매일 쓰는 이 입말

이해할 수 있나요?

061위

もうちょっと安くしてもらえませんか。

C　もうちょっと安くしてもらえませんか。

C　じゃあ1500円でどう？

062위

何でそんなに沈んでんの？

C　何でそんなに沈んでんの？

A　彼氏と大ゲンカして1週間も会ってないの。

063위

人気者だね。

A　さっきからすごいメール来てるけど、あんた超人気者

だね。

C　違うよ。全部仕事系だよ。

73

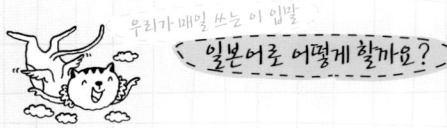

064위 휴대폰 문자나 컴퓨터로 문서 작성 시 특수문자를 많이 사용하는
사람에게

이모티콘 꽤 많이 쓰네.

C: 노구치는 이모티콘 꽤 많이 쓰네.
C: 귀엽잖아!

065위 힘든 일의 연속으로 휴식이 필요할 때

쉬고 싶어.

C: 요즘 일만 했더니 너무 힘들어. 쉬고 싶어.
C: 그럼 이 프로젝트 끝나면 느긋하게 온천이나 다녀올까?

066위 집에서 배달음식을 먹자고 제안할 때

우리 뭐 좀 시켜먹을까?

C: 배 고픈데 뭐 안 먹을래?
C: 그럼 오랜만에 우리 뭐 좀 시켜먹을까?

해설 : 배달음식 중 전통 일본 음식은「出前」 인스턴트 음식은「デリバリ」라는 표현을 사용한다.

일본 네이티브가 매일 쓰는 이 입말

이해할 수 있나요?

064위 絵文字結構使うんだね。

C 野口って 絵文字結構使うんだね。

C だってかわいくない？

065위 休みたいよ。

C ここんとこ働きすぎでくたくた。休みたいよ。

C じゃあこのプロジェクト終わったら、のんびり温泉でも行ってこようか。

066위 出前とる？

C お腹空いたけど、何か食べない？

C じゃあ久しぶりに出前とる？

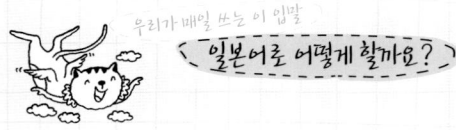

우리가 매일 쓰는 이 입말
일본어로 어떻게 할까요?

067위 기발한 아이디어가 생각났을 때

좋은 생각이 있어.

B: 나한테 좋은 생각이 있어. 잠깐 귀 좀 대봐.
C: 뭐야 뭐?

068위 자꾸 둘러대는 사람을 보고

핑계 대지마.

A: 처음부터 속일 마음은 없었어. 믿어줘.
B: 이제 와서 내게 그런 핑계 대지마.

069위 대단하다는 표현으로 젊은 남성들이 주로 사용함

짱이다!

C: 이것봐. 프라모델 신상. 좀 비쌌지만 무리해서 사버렸어.
B: 짱이다! 완전 멋있어!

일본 네이티브가 매일 쓰는 이 입말
이해할 수 있나요?

067위 いい考えがあるよ。

B 俺にいい考えがあるよ。ちょっと耳貸して。
C 何々？

068위 言い訳するな。

A 最初から騙すつもりはなかったのよ。信じて。
B 今更俺にそんな言い訳するな。

069위 すげー！

C これ、新型のプラモデル。
　ちょっと高かったけど無理して買っちゃったよ。

B すげー！めちゃくちゃかっこいい！

070위 기대에 미치지 못해 실의를 느꼈을 때

완전 실망이야.

C: 갑자기 비와서 소풍을 못 가게 되다니 완전 실망이야.
B: 그치? 기대했었는데.

071위 친구가 토라졌을 때

삐쳤니?

C: 아까일로 아직도 삐쳤니? 슬슬 화해해.
C: 걔가 먼저 사과할 때까지는 절대로 싫어.

072위 이성 앞에서 잘 보이려고 멋있는 척 할 때

폼 잡지 마.

B: 여자애 앞이라고 폼 잡지 마.
B: 평상시랑 똑같잖아.

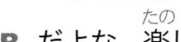

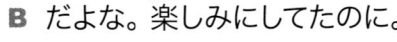

070위 ホントがっかりだよ。

C　いきなり雨で遠足中止なんてホントがっかりだよ。
（あめ　えんそくちゅうし）

B　だよな。楽しみにしてたのに。
（たの）

071위 すねてんの?

C　さっきのことでまだすねてんの?
　　そろそろ仲直りしなよ。
（なかなお）

C　あいつが先に謝るまでは絶対いや。
（さき　あやま　　　　ぜったい）

072위 かっこつけんなよ。

B　女の子の前だからってかっこつけんなよ。
（おんな　こ　まえ）

B　全然いつもと一緒じゃん。
（ぜんぜん　　　いっしょ）

73위 – 84위

073위 너나 잘하세요.

074위 장난하냐!

075위 영화나 보러 갈까?

076위 기운이 하나도 없어.

077위 내가 제일 좋아하는 거야.

078위 여기서 드실 건가요? 아니면 포장인가요?

079위 스티커사진 찍으러 갈까?

080위 각자 내자.

081위 어리광 부리지 마.

082위 마중 나갈게.

083위 폐를 끼쳐 드려 죄송합니다.

084위 잘 어울린다.

73位 − 84位

073位 大きなお世話だよ。

074位 ふざけんな!

075位 映画でも見に行く?

076位 全然元気がないよ。

077位 お気に入りなの。

078位 ここでお召し上がりになりますか、それともお持ち帰りですか。

079位 プリクラ撮りに行く?

080位 割り勘にしよう。

081位 甘えるな。

082位 迎えに行くよ。

083位 ご迷惑をおかけしてすみません。

084位 よく似合ってるよ。

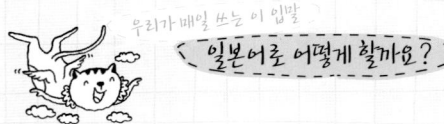

073위 자꾸 남 일에 간섭하고 잔소리하는 사람에게

너나 잘하세요.

B: 너 좀 더 남자친구한테 신경 좀 써.
A: 너나 잘하세요.

074위 말도 안되는 상황이나 타인의 태도에 대해 무척이나
화가 났을 때

장난하냐!

B: 장난하냐! 뭐가 "어쩔 수 없습니다"야!
C: 하여간에 좀 침착하고. 응?

075위 한가한 시간을 함께 보낼 것을 제안하며

영화나 보러 갈까?

C: 비도 오고 하는데 영화나 보러 갈까?
C: 그래 좋아. 요즘에 마침 공포영화가 보고 싶었거든.

일본 네이티브가 매일 쓰는 이 입말
이해할 수 있나요?

073위
大^{おお}きなお世^せ話^わだよ。

B お前^{まえ}もうちょっと彼氏^{かれし}に気使^{きつか}えよ。

A 大^{おお}きなお世^せ話^わだよ。

074위
ふざけんな!

B ふざけんな! 何^{なに}が「どうしようもありません」だ!

C まあまあ、ちょっと落^おち着^ついて、ね?

075위
映^{えい}画^がでも見^みに行^いく?

C 雨^{あめ}だし、映^{えい}画^がでも見^みに行^いく?

C あ、いいね。
最近^{さいきん}ちょうどホラー映^{えい}画^がが見^みたかったんだ。

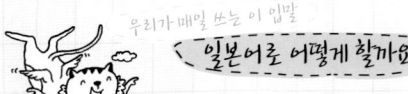

076위 기력이 없어 축 처져 있을 때

기운이 하나도 없어.

C: 쟤 차인 다음부터는 기운이 하나도 없어.
B: 불쌍해서 못 봐주겠다.

077위 애착이 가는 물건에 대해

내가 제일 좋아하는 거야.

C: 그 귀걸이 귀엽다.
A: 그치? 내가 제일 좋아하는 거야.

078위 패스트푸드점이나 take-out커피숍에서 주문을 받을 때
물어보는 표현

여기서 드실 건가요?
아니면 포장인가요?

C: 여기서 드실 건가요? 아니면 포장인가요?
C: 포장이요.

84

일본 네이티브가 매일 쓰는 이 입말

이해할 수 있나요?

076위 全然元気がないよ。
（ぜんぜん げん き）

= かなり弱ってるよ。
（よわ）

C あいつ振られてからは全然元気がないよ。
（ふ）　　　　　　　　（ぜんぜんげんき）

B かわいそうで見てらんねぇな。
（み）

077위 お気に入りなの。
（き い）

C かわいいね、そのピアス。

A でしょ？ 大のお気に入りなの。
（だい　き い）

078위 ここでお召し上がりになります
（め あ）

か、それともお持ち帰りですか。
（も かえ）

C ここでお召し上がりになりますか、それともお持ち帰り
（め あ）　　　　　　　　　　　（も かえ）
　ですか。

C 持ち帰りで。
（も かえ）

079위 함께 있는 사람과의 추억을 오래토록 간직하고 싶을 때

스티커사진 찍으러 갈까?

C: 졸업 기념으로 오랜만에 스티커사진 찍으러 갈까?
C: 아! 좋다. 찬성!

080위 식비나 유흥비 등을 갹출할 때

각자 내자.

C: 오늘 점심은 각자 내자.
C: 그래.

081위 자꾸 의존하는 친구에게

어리광 부리지 마.

C: 어떻게 하는지 모르겠어. 대신 해줘.
B: 어리광 부리지 마. 해 보면 의외로 쉬워.

A : 여성　　B : 남성　　C : 공통

61 ― 72

73 ― 84

85 ― 96

97 ― 108

109 ― 120

일본 네이티브가 매일 쓰는 이 일말

이해할 수 있나요?

079위 プリクラ撮りに行く？

C 卒業記念に久しぶりにプリクラ撮りに行く？

C あ、いいね。賛成!

080위 割り勘にしよう。

C 今日のランチは割り勘にしよう。

C そうだね。

081위 甘えるな。

C ねえ、やり方分かんないよ。代わりにやってよ。

B 甘えるな。やってみれば意外と簡単だよ。

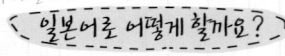

082위 누군가를 데리러 나갈 때

마중 나갈게.

C: 위치 알겠어? 모르겠으면 근처 와서 문자메시지 주면 마중 나갈게.
C: 응, 고마워. 그럼 이따가 봐.

해설 : 반대로, '바래다 주다'는 「見送りに出る」라고 한다.

083위 고충 · 불만을 호소하는 사람에게

폐를 끼쳐 드려 죄송합니다.

C: 아무리 공사중이라고는 해도 이건 너무하잖아요!
C: 폐를 끼쳐 드려 죄송합니다.

084위 옷이나 악세서리 따위가 그 사람과 잘 조화를 이룰 때

잘 어울린다.

C: 이 티셔츠 어때?
C: 귀여워. 잘 어울린다.

일본 네이티브가 매일 쓰는 이 입말

이해할 수 있나요?

082위　迎えに行くよ。

C 場所分かる？分からなかったら近くまで来てメールく
れれば迎えに行くよ。

C うん、ありがとう。じゃあ、後ほど。

083위　ご迷惑をおかけしてすみません。

C いくら工事中だからってこれはひどいでしょう！

C ご迷惑をおかけしてすみません。

084위　よく似合ってるよ。

C このT-シャツ、どう？

C かわいい。よく似合ってるよ。

85위 - 96위

085위 미안.

086위 농담이야.

087위 유행인가 봐.

088위 걔 완전 열 받았던데?

089위 이거 한국 다녀온 선물이야.

090위 나한테 화풀이하지 마.

091위 나 그런 쪽으로는 빠삭해.

092위 당근이지.

093위 분위기 파악을 못하는 것 같아.

094위 너무하잖아.

095위 개인기 좀 해봐.

096위 결제는 현금으로 하시겠습니까?
카드로 하시겠습니까?

85위 - 96위

085위　わりぃ。

086위　冗談_{じょうだん}だよ。

087위　流行_{はや}ってるみたい。

088위　あいつ、マジぎれしてたよ。

089위　これ、韓国_{かんこく}のお土産_{みやげ}だよ。

090위　俺_{おれ}にあたんなよ。

091위　私_{わたし}、そっちの方_{ほう}は詳_{くわ}しいんだ。

092위　当_あたり前_{まえ}じゃん。

093위　空気_{くうき}読_よめないよね。

094위　ひど過_すぎるよ。

095위　なんかいっぱつ芸_{げい}やってよ。

096위　お支払_{しはらい}は現金_{げんきん}ですか、カードですか。

085위 자신의 잘못에 대해 가볍게 사과할 때

미안.

B: 미안. 오래 기다렸어?
A: 아니, 나도 방금 왔어.

해설 : 남성이 친구나 동료들에게 쓰는 격의없는 표현.

086위 가벼운 마음으로 한 이야기를 상대방이 진지하게 받아들일 때

농담이야.

B: 야, 농담이야. 화내지 마.
A: 아무리 농담이어도 해도 될 말이 있고 안 될 말이 있지.

087위 새로운 패션이나 소품이 널리 퍼진 것을 보고

유행인가 봐.

C: 요즘 체크가 유행인가 봐.
C: 그러고보니 모두 입고 있네.

일본 네이티브가 매일 쓰는 이 입말

이해할 수 있나요?

085위 **わりぃ。**

B わりぃ、待った？
A ううん、私も今来たとこ。

086위 **冗談だよ。**

B おい、冗談だよ。怒んなよ。
A いくら冗談でも言っていいことと悪いことがあるでしょう。

087위 **流行ってるみたい。**

C 最近チェックが流行ってるみたい。
C そういえばみんな着てるね。

93

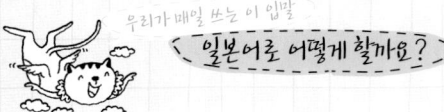

088위 친구가 화가 많이 나 있음을 전해줄 때

걔 완전 열 받았던데?

B: 너 도대체 무슨짓을 한거야? 걔 완전 열 받았던데?

B: 정말? 나 어떡해.

해설 : 굉장히 화가 난 상태에 대해. 유사한 표현으로 동사 「ぶち切れる」를 쓸 수도 있다.

089위 여행 기념 선물을 건네줄 때

이거 한국 다녀온 선물이야.

C: 이거 한국 다녀온 선물이야. 받아.

A: 어머, 김치구나. 정말 좋아하는데. 고마워.

해설 : 여행 다녀온 기념 선물은 「お土産」라고 한다.

090위 화 난 감정을 엉뚱한 사람에게 부딪히려고 할 때

나한테 화풀이하지 마.

B: 이런데서 멍하니 죽치고 서있지 마. 걸리적거리잖아.

B: 성질난다고 나한테 화풀이하지 마.

94

일본 네이티브가 매일 쓰는 이 입말

이해할 수 있나요?

088위 あいつ、マジぎれしてたよ。

B おまえ、一体何(いったいなに)しでかしたんだよ。

あいつ、マジぎれしてたよ。

B マジ? 俺(おれ)どうしよう。

089위 これ、韓国(かんこく)のお土産(みやげ)だよ。

C これ、韓国(かんこく)のお土産(みやげ)だよ。どうぞ。

A まあ、キムチね。大好(だいす)きなんだ。ありがとう。

090위 俺(おれ)にあたんなよ。
＝俺(おれ)にヤツ当(あ)たりすんなよ。

B こんな所(ところ)でぼーっと突(つ)っ立(た)ってんなよ。邪魔(じゃま)だろ。

B 腹立(はらた)ってるからって俺(おれ)にあたんなよ。

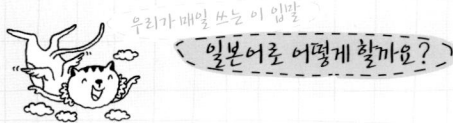

091위 어떠한 분야에 대해서 자신감이 있을 때

나 그런 쪽으로는 빠삭해.

C: 급하게 예쁜 레스토랑에 관한 정보가 필요한데 누구 조언해줄만한
사람 없을까?
A: 나한테 맡겨! 나 그런 쪽으로는 빠삭해.

092위 일의 앞뒤 사정을 놓고 볼 때 마땅히 그러함을 나타낼 때

당근이지.

A: 아키라도 내 생일파티 와주는거지?
C: 당근이지.

093위 엉뚱한 말만 하는 사람을 두고

분위기 파악을 못하는 것 같아.

C: 그 사람 정말 분위기 파악을 못하는 것 같아.
C: 맞아. 정말 답답해.

해설 : 「空気(K)読めない(Y)」의 각각의 앞 글자 알파벳을 따서 분위기 파악을 못하는 사람을 두고
「KY」라고도 한다.

96

일본 네이티브가 매일 쓰는 이 말말

이해할 수 있나요?

091위
私、そっちの方は詳しいんだ。

C 緊急におしゃれなレストランに関する情報が必要なん
だけど、誰かアドバイスできそうな人いないかなあ。

A まかせて。私、そっちの方は詳しいんだ。

092위
当たり前じゃん。

A 明も私の誕生パーティー、来てくれるんでしょ？

C 当たり前じゃん。

093위
空気読めないよね。

C あの人ってホント空気読めないよね。

C そう。もう超じれったい。

094위 부당한 대우에 대해 불만을 터뜨릴 때

너무하잖아.

A: 나만 따돌리다니 해도해도 너무하잖아.
C: 미안. 실은 다 같이 깜짝 놀래켜줄려고 했거든.

095위 그 자리의 분위기를 띄우고 싶을 때

개인기 좀 해봐.

C: 별로 흥이 안나는데. 누가 개인기 좀 해봐.
B: 그럼 네가 하지그래?

096위 결제 방법을 선택할 때

결제는 현금으로 하시겠습니까? 카드로 하시겠습니까?

C: 결제는 현금으로 하시겠습니까? 카드로 하시겠습니까?
C: 카드로 할게요.

해설 : '할부입니까, 일시불입니까?' 는 「分割ですか、一括払いですか。」라고 한다.

일본 네이티브가 매일 쓰는 이 입말

이해할 수 있나요?

094위 ひど過ぎるよ。

A 私だけ仲間外れにするなんてひど過ぎるよ。

C ごめん。実はみんなでびっくりさせてやるつもりだったんだ。

095위 なんかいっぱつ芸やってよ。

C なんか盛り上がりに欠けるね。
　　誰かなんかいっぱつ芸やってよ。

B じゃあ、お前やれば？

096위 お支払は現金ですか、カードですか。

C お支払は現金ですか、カードですか。

C カードでお願いします。

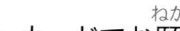

97위 – 108위

097위 통통한 게 좋아.

098위 화장실이 어디야?

099위 다음 역에서 갈아타야해.

100위 이 집에서 제일 잘하는 게 뭐죠?

101위 시끄럽다고 했지!

102위 센스가 없어.

103위 바가지 썼네.

104위 무료 서비스입니다.

105위 뭐가 뭔지 하나도 모르겠어!

106위 그 동안 신세 많이 졌습니다.

107위 완전 깜빡 했다.

108위 내가 너 같은 줄 알아?

97위 - 108위

097위　ぽっちゃりがいいな。

098위　トイレはどこ？

099위　次の駅で乗り換えないといけないよ。

100위　この店のお勧めは何ですか。

101위　うるさいって言ってるだろ!

102위　気がきかないな。

103위　ぼったくられたな。

104위　無料サービスです。

105위　何が何だかさっぱり分かんない!

106위　その間お世話になりました。

107위　すっかり忘れてた。

108위　一緒にするな。

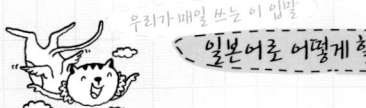

우리가 매일 쓰는 이 입말
일본어로 어떻게 할까요?

097위 선호하는 체형에 대해 이야기할 때

통통한 게 좋아.

C: 뚱뚱보랑 말라깽이랑 어느 쪽이 더 좋아?
B: 둘 다 싫어. 난 통통한 게 좋아.

098위 낯선 장소에서 위치 정보를 확인할 때

화장실이 어디야?

C: 화장실이 어디야?
C: 바로 저기야.

099위 지하철이나 버스에서 환승할 때

다음 역에서 갈아타야해.

C: 슬슬 일어나. 다음 역에서 갈아타야해.
C: 벌써? 빠르네.

일본 네이티브가 매일 쓰는 이 입말
이해할 수 있나요?

097위 ## ぽっちゃりがいいな。

C デブとガリガリとどっちの方_{ほう}がいい?

B どっちもやだよ。俺_{おれ}はぽっちゃりがいいな。

098위 ## トイレはどこ?

C トイレはどこ?

C すぐそこだよ。

099위 ## 次_{つぎ}の駅_{えき}で乗_のり換_かえないと いけないよ。

C そろそろ起_おきて。次_{つぎ}の駅_{えき}で乗_のり換_かえないといけないよ。

C え、もう? 早_{はや}いね。

우리가 매일 쓰는 이 입말

일본어로 어떻게 할까요?

100위 음식점에서 주문을 할 때

이 집에서 제일 잘하는 게 뭐죠?

C: 이 집에서 제일 잘하는 게 뭐죠?
C: 글쎄요. 톤코츠 라면이 제일 잘 나가요.

101위 여러 차례 주의를 줬음에도 계속 시끄럽게 굴 때

시끄럽다고 했지!

B: 시끄럽다고 했지! 몇 번 말해야 알아 듣는거야!
C: 쉬는 시간인데 뭐 어때.

102위 융통성이 없어 답답한 사람을 나무랄 때

센스가 없어.

C: 손님 오시는데 맛있는 와인 한 병이라도 사 오면 좋잖아.
  센스가 없어.
B: 그렇게 신경 쓸 만한 손님도 아니잖아.

104

일본 네이티브가 매일 쓰는 이 일말

이해할 수 있나요?

100위 この店のお勧めは何ですか。

C この店のお勧めは何ですか。

C そうですね。トンコツラーメンが一番よく売れてますね。

101위 うるさいって言ってるだろ!

B うるさいって言ってるだろ!
何回言ったら分かるんだよ。

C 休み時間なんだし、いいじゃん。

102위 気がきかないな。

C お客さんが来るんだから、おいしいワインでも一本買っ
て来ればいいのに。気がきかないな。

B そんなに気を使うほどのお客さんでもないだろ。

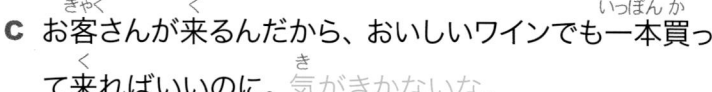

105

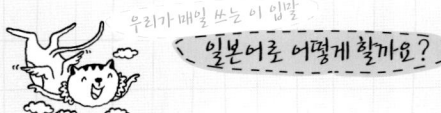

103위 비정상적으로 비싼 요금에 물건을 구입했을 때

바가지 썼네.

C: 어제 레스토랑에 식사하러 갔더니 와인 한 병에 2만엔이나 받는거야.
어떻게 생각해?
B: 그건 완전히 바가지 썼네.

104위 고객에게 서비스 요금을 안내할 때

무료 서비스입니다.

C: 서비스 요금은 얼마입니까?
C: 이것은 무료 서비스입니다.

105위 설명을 들었으나 이해하기 힘들 때

뭐가 뭔지 하나도 모르겠어!

C: 뭐가 뭔지 하나도 모르겠어! 좀 알기 쉽게 설명해봐.
B: 네가 안듣고 있으니까 그런거잖아.

일본 네이티브가 매일 쓰는 이 입말

이해할 수 있나요?

103위 ぼったくられたな。

C 昨日レストランに食事に行ったらワイン一本2万円もすんの。どう思う?

B そりゃあ完璧ぼったくられたな。

104위 無料サービスです。

C サービス料金はいくらですか。

C こちらは無料サービスです。

105위 何が何だかさっぱり分かんない!

C 何が何だかさっぱり分かんない!
もうちょっと分かりやすく説明してよ。

B おまえが聞いてなかったからだろ。

107

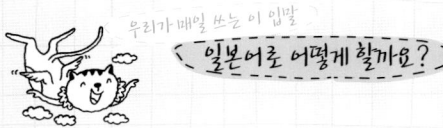
106위 오랫동안 도움을 받았던 사람과 헤어지며 고마움을 표현할 때

그 동안 신세 많이 졌습니다.

C: 그 동안 신세 많이 졌습니다. 감사합니다.
C: 아니야. 또 오렴.

107위 찰나에 잊은 것이 아니라 꽤 오랜 기간 완전히 잊고 있었을 때

완전 깜빡 했다.

C: 요전에 빌려준 노트, 갖고 왔어?
C: 아, 미안. 완전 깜빡했다.

108위 상대방의 부정적인 면과 동일시 당한 것이 억울할 때

내가 너 같은 줄 알아?

B: 나도 수학 못해.
B: '나도'라니. 내가 너 같은 줄 알아?

일본 네이티브가 매일 쓰는 이 입말

이해할 수 있나요?

106위 その{間|かん}お{世話|せわ}になりました。

C その{間|かん}お{世話|せわ}になりました。

どうもありがとうございました。

C いいえ。またいらっしゃいね。

107위 すっかり{忘|わす}れてた。

C こないだ{貸|か}してあげたノート、{持|も}って{来|き}てくれた？

C あ、ごめん。すっかり{忘|わす}れてた。

108위 {一緒|いっしょ}にするな。

B {俺|おれ}も{数学苦手|すうがくにがて}なんだよね。

B 「も」って{何|なん}だ。{一緒|いっしょ}にするな。

109

109위 – 120위

109위	피부가 장난이 아닌데!
110위	뭐 어때?
111위	바겐세일을 하고 있대요.
112위	지금 전화 받기 곤란해.
113위	왜 이렇게 칠칠치 못해?
114위	뒷북이냐.
115위	요즘 좀 입맛이 없어서.
116위	너무 많이 마셔서 필름이 끊겼어요.
117위	걔는 입만 살았어.
118위	더 이상 못 참겠어!
119위	단골집이야.
120위	말해봤자 소용없어.

109位 – 120位

109位 お肌(はだ)すごいきれい!

110位 いいじゃん。

111位 バーゲンセール中(ちゅう)だそうですよ。

112位 今(いま)ちょっと電話(でんわ)に出(で)れない。

113位 どんくさいなぁ。

114位 今更(いまさら)かよ。

115位 最近(さいきん)どうも食欲(しょくよく)がなくて。

116位 飲(の)みすぎで記憶(きおく)が飛(と)んじゃいました。

117位 あいつは口先(くちさき)だけだよ。

118位 もう我慢(がまん)できない!

119位 行(い)きつけの店(みせ)だよ。

120位 言(い)っても無駄(むだ)。

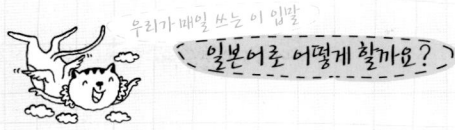

109위 놀라울 정도로 깨끗한 피부를 보고

피부가 장난이 아닌데!

A: 지금 쌩얼이야? 피부가 장난이 아닌데! 부럽다!
C: 고마워.

110위 굳이 고민할 필요가 없음을 언급할 때

뭐 어때?

A: 역시 내가 별난건가?
B: 그렇다 치더라도 뭐 어때? 난 좋은데, 독특한 사람.

111위 할인판매에 대한 정보를 알려줄 때

바겐세일을 하고 있대요.

C: 저기 굉장히 사람이 많이 모여있네요. 무슨일일까요?
C: 바겐세일을 하고 있대요.

해설 : 바겐 세일은 흔히 줄여서 「バーゲン」이라고도 하며, 할인 판매는 「セール」 혹은 「割引」
 라고 한다.

일본 네이티브가 매일 쓰는 이 입말

이해할 수 있나요?

109위 お肌すごいきれい!

A 今すっぴんなの？ お肌すごいきれい! うらやましい!

C ありがとう。

110위 いいじゃん。

A やっぱり私ってかわってるのかな。

B だとしても別にいいじゃん。俺は好きだよ、変わり者。

111위 バーゲンセール中だそうですよ。

C あそこ、すごい人だかりですね。どうしたんでしょう。

C バーゲンセール中だそうですよ。

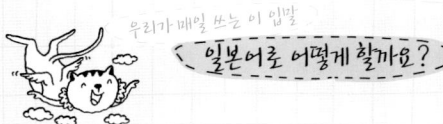

우리가 매일 쓰는 이 입말

일본어로 어떻게 할까요?

112위 다른 용무로 인해 시간이 빠듯할 때

지금 전화 받기 곤란해.

C: 지금 전화 받기 곤란해. 나중에 다시 걸어줄래?
C: 알았어. 그럼 30분 뒤에 다시 걸게.

113위 성질이나 일처리가 반듯하지 못하고 덜렁거리는 사람에게

왜 이렇게 칠칠치 못해?

C: 앗. 또 교실에 필통 두고왔다.
B: 왜 이렇게 칠칠치 못해? **빨리 가져와.**

114위 한참 지난 일에 대해 새삼스럽게 이야기하는 사람을 보고

뒷북이냐.

B: 작년에 같이 갔던 콘서트 정말 좋았지. 그 가수 이름이 뭐였더라?
B: 뒷북이냐. 그 가수 벌써 은퇴했다구.

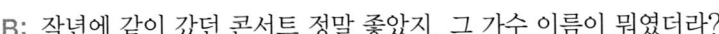

114

일본 네이티브가 매일 쓰는 이 입말

이해할 수 있나요?

112위 今ちょっと電話に出れない。

C 今ちょっと電話に出れない。後でかけなおしてくれる？

C 分かった。じゃあ、三十分後にかけなおすね。

113위 どんくさいなぁ。

C あ〜っ。また教室にふでばこ置いて来ちゃった。

B どんくさいなぁ。早く取って来いよ。

114위 今更かよ。

B 去年一緒に行ったコンサート、マジよかったよな。
歌手の名前何だったっけ。

B 今更かよ。あの歌手もうとっくに引退したぞ。

115

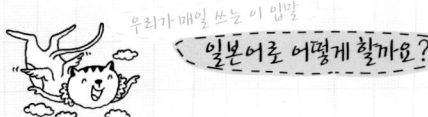

115위 깨지락거리며 먹는 이유에 대해

요즘 좀 입맛이 없어서.

C: 어디 안좋아? 꽤 많이 남겼네.
C: 요즘 좀 입맛이 없어서.

116위 과음하여 기억이 없을 때

너무 많이 마셔서 필름이 끊겼어요.

C: 어제 너무 많이 마셔서 필름이 끊겼어요.
C: 대체 얼마나 마신거야.

117위 말 뿐 행동은 보이지 않는 사람을 두고

걔는 입만 살았어.

C: 그 레포트 자료 야마구치씨가 모아준다고 했잖아.
C: 걔는 입만 살았어. 내가 하는게 마음이 놓여.

일본 네이티브가 매일 쓰는 이 말말
이해할 수 있나요?

115위 最近どうも食欲がなくて。

最近（さいきん）　食欲（しょくよく）

C 具合（ぐあい）でも悪（わる）いの。かなり残（のこ）してるけど。

C 最近（さいきん）どうも食欲（しょくよく）がなくて。

116위 飲（の）みすぎで記憶（きおく）が飛（と）んじゃいました。

C 昨日（きのう）飲（の）みすぎで記憶（きおく）が飛（と）んじゃいました。

C どんだけ飲（の）んだの、一体（いったい）。

117위 あいつは口先（くちさき）だけだよ。

C そのレポートの資料（しりょう）、山口（やまぐち）さんが集（あつ）めてくれるって言（い）ってたじゃん。

C あいつは口先（くちさき）だけだよ。自分（じぶん）でやった方（ほう）が安心（あんしん）だよ。

117

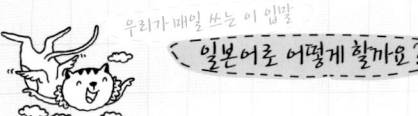
118위 오랫동안 참아오던 것이 인내심의 한계에 다다랐을 때

더 이상 못 참겠어!

C: 더 이상 못 참겠어! 한마디 해 주지 않으면 직성이 안풀릴 것 같아.
C: 기를 팍 꺾어놔!

119위 자주 가는 가게를 소개할 때

단골집이야.

C: 그 가게 어때?
B: 아, 거기 내 단골집이야. 서비스도 좋아서 1주일에 한 번은
꼭 가.

120위 남의 의견을 귀담아 듣지 않는 사람에 대해 언급할 때

말해봤자 소용없어.

C: 한번만 더 말해보자.
C: 말해봤자 소용없어. 전혀 안들어주는걸.

일본 네이티브가 매일 쓰는 이 입말

이해할 수 있나요?

118위 もう我慢できない!

C もう我慢できない!

　 一言言ってやらないと気がすまないよ。

C ぎゃふんと言わしてやれ!

119위 行きつけの店だよ。

C あの店、どう?

B あ、あそこ俺の行きつけの店だよ。サービスもいいし、
　 週1回は必ず行くね。

120위 言っても無駄。

C もう一回だけ言ってみようよ。

C 言っても無駄。全然聞き入れてくれないもん。

121위 - 132위

121위 시간 좀 내줄 수 있나요?

122위 백수잖아.

123위 똑바로 좀 해.

124위 제정신이냐?

125위 누가 할 소리!

126위 나 지금 통화중이야.

127위 다이어트 한 거야?

128위 그럴 리 없어.

129위 내숭 떨지 마!

130위 왜 그렇게 입이 싸니?

131위 술 잘 마시네.

132위 너무 신났다.

121위 – 132위

121위 時間出してもらえませんか。

122위 ニートじゃん。

123위 まじめにやれよ。

124위 正気？

125위 それはこっちのセリフ!

126위 今、通話中なの。

127위 ダイエットしたの？

128위 そんなはずないよ。

129위 猫かぶるな!

130위 何でそんなに口が軽いの。

131위 いける口だね。

132위 うかれすぎ。

121위 하고 싶은 이야기가 있을 때

시간 좀 내줄 수 있나요?

C: 긴히 드릴 말씀이 있는데 시간 좀 내줄 수 있나요?
B: 무슨 이야기지?

122위 일도 하지 않고 놀고 있는 사람을 일컫는 말

백수잖아.

C: 몰랐어? 걔 지금 백수잖아.
C: 뭐! 정말? 전혀 몰랐어.

해설 : 남자는 「ぷー太郎」 여자는 「ぷー子」라고도 한다.

123위 진지하게 하지 않고 대충대충하는 사람에게

똑바로 좀 해.

B: 야, 똑바로 좀 해. 여기 전혀 안 닦였잖아.
C: 거기 몇 번이나 닦았는데도 얼룩져 있어서 어쩔 수 없는거야.

일본 네이티브가 매일 쓰는 이 입말
이해할 수 있나요?

121위 # 時間出してもらえませんか。

C 大事なお話があるんですが、時間出してもらえませんか。

B 何の話かね。

122위 # ニートじゃん。

C 知らなかった? あいつ今ニートじゃん。

C ええ! そうなの? 全然知らなかった。

123위 # まじめにやれよ。

B おい、まじめにやれよ。ここ全然拭けてないだろ。

C そこ何回も拭いたけど、しみになってるからどうしようもないんだよ。

123

우리가 매일 쓰는 이 입말

일본어로 어떻게 할까요?

124위 터무니 없는 이야기를 들었을 때

제정신이냐?

A: 나 작가 그만두고 일러스트레이터 해볼까?
B: 제정신이냐? 전혀 재능 없는 것 같은데.

125위 상대방의 말을 그대로 되갚아주고 싶을 때

누가 할 소리!

B: 너 같은 제멋대로인 녀석 처음 봤어.
C: 누가 할 소리!

126위 전화를 받고 있는 중에 누군가가 말을 걸어 왔을 때

나 지금 통화중이야.

C: 히카루, 잠깐 와서 도와줘.
C: 나 지금 통화중이야. 잠깐만.

일본 네이티브가 매일 쓰는 이 말말
이해할 수 있나요?

124위
正気（しょうき）？

A　私（わたし）作家（さっか）やめてイラストレーターになろうかな。
B　おまえ正気（しょうき）？絶対才能（ぜったいさいのう）ないと思（おも）うんだけど。

125위
それはこっちのセリフ！

B　お前（まえ）みたいなわがままな奴（やつ）は初（はじ）めて見（み）たよ。

C　それはこっちのセリフ！

126위
今（いま）、通話中（つうわちゅう）なの。

C　輝（ひかる）、ちょっと来（き）て手伝（てつだ）って。
C　今（いま）、通話中（つうわちゅう）なの。ちょっと待（ま）って。

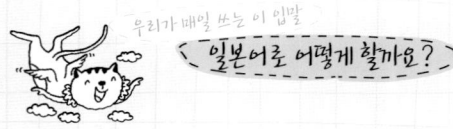

127위 예전에 비해 날씬해진 친구에게

다이어트 한 거야?

C: 한 달 동안 엄청 살 빠졌네. 대체 어떤 다이어트 한 거야?
C: 다이어트고 뭐고 일을 너무 많이 해서 야윈거야.

128위 터무니없는 말을 들었을 때

그럴 리 없어.

C: 절대 그가 그럴 리 없어.
A: 나도 처음엔 그렇게 생각했어.

129위 마음속과 달리 겉으로는 아닌 척 행동할 때

내숭 떨지 마!

B: 너 그렇게 약하지 않잖아. 내숭 떨지 마!
A: 뭐야. 진짜 무겁단 말야.

일본 네이티브가 매일 쓰는 이 입말
이해할 수 있나요?

127위 **ダイエットしたの?**

C 一ヶ月ですごい痩せたね。
一体どういうダイエットしたの?

C ダイエットも何も仕事のしすぎでやつれたんだよ。

128위 **そんなはずないよ。**

C 彼に限ってそんなはずないよ。
A 私も最初はそう思ったわ。

129위 **猫かぶるな!**

B お前、そんなにか弱くないだろ。猫かぶるな!
A 何よ。本当に重いんだから。

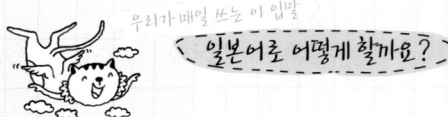

130위 친구가 비밀 이야기를 다른 친구에게 이야기했을 때

왜 그렇게 입이 싸니?

C: 비밀이라고 했는데 왜 그렇게 입이 싸니?
C: 미안. 하야시한테 말했더니 걔가 다 말하고 다닌 것 같아.

해설 : 반대말인 '입이 무겁다'는 「口が堅い」라고 한다.

131위 도수가 높은 술도 거리낌 없이 마시는 사람을 보고

술 잘 마시네.

B: 술 꽤 잘 마시네. 그렇게 마셔도 아무렇지도 않다니 부러워.
C: 기숙사에서 매일 밤 단련이 되고 있거든요.

해설 : 술고래는 「飲んべえ」라고 한다.

132위 도를 넘어서 들뜬 사람에게

너무 신났다.

A: 얏호! 미야자키한테 문자왔다! '내일도 보자'래!
A: 야, 너 너무 신났다. 진정해.

128

일본 네이티브가 매일 쓰는 이 입말
이해할 수 있나요?

130위 何でそんなに口が軽いの。

C 秘密って言ったのに何でそんなに口が軽いの。

C ごめん。林に言ったら林が言いふらしたみたいで。

131위 いける口だね。

B 君結構いける口だね。そんなに飲んでも平気だなんて羨ましいよ。

C 寮で夜な夜な鍛えられてますからね。

132위 うかれすぎ。

A やった！宮崎君からメール来た！
「明日も会おう」だって！

A ちょっと、あんたうかれすぎ。落ち着いて。

129

133위 – 144위

133위 기분 꿀꿀해.

134위 이건 내 스타일이 아니야.

135위 슬슬 요령을 알 것 같아.

136위 걔하고는 말이 안 통해.

137위 난 못하겠어.

138위 택시 잡을까?

139위 걔가 너 좋아한대.

140위 한 입만 줄래?

141위 걘 정말 뻔뻔해.

142위 자전거 타고 가자.

143위 또 지각이야. 어떡해.

144위 핸드폰 배터리가 나갔어.

133位 – 144位

133位　ゆううつ～。

134位　これは私_{わたし}のスタイルじゃないよ。

135位　そろそろコツがつかめてきた。

136位　あの子_ことは話_{はなし}が通_{つう}じないよ。

137位　私_{わたし}にはできないよ。

138位　タクる？

139位　あいつ、あんたに気_きがあるんだって。

140位　一口_{ひとくち}だけくれる？

141位　彼_{かれ}ってホント図々_{ずうずう}しいよね。

142位　チャリで行_いこう。

143位　また遅刻_{ちこく}だよ。どうしよう。

144位　携帯電池_{けいたいでんち}切_ぎれなの。

133위 마음이 우울하고 울적할 때

기분 꿀꿀해(우울해).

C: 기분 꿀꿀해. 가을이라 그런가.
C: 그럼 기분전환겸 드라이브나 갈까?

134위 친구가 권해준 옷을 보고

이건 내 스타일이 아니야.

C: 이 옷은 어때? 꽤 어울릴 것 같은데.
A: 이건 내 스타일이 아니야. 좀 더 나플나플 해야지.

135위 반복적인 연습으로 작업이 익숙해졌을 때

슬슬 요령을 알 것 같아.

C: 슬슬 요령을 알 것 같아. 이렇게 하면 되는거구나.
C: 와, 잘한다. 역시!

133위 ゆううつ～。

C　ゆううつ～。秋だからかなあ。

C　じゃあ、気晴らしにドライブでも行こうか。

134위 これは私のスタイルじゃないよ。

C　この服なんかどう？　なかなか似合うと思うよ。

A　これは私のスタイルじゃないよ。

　　もっとふりふりじゃなきゃ。

135위 そろそろコツがつかめてきた。

C　そろそろコツがつかめてきた。こうすればいいんだね。

C　あ、うまいねぇ。さすが～。

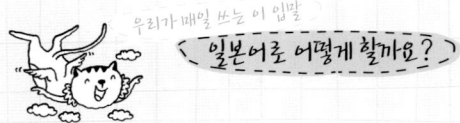

우리가 매일 쓰는 이 입말
일본어로 어떻게 할까요?

136위 전혀 남의 말을 귀담아 듣지 않는 사람에 대해

걔하고는 말이 안 통해.

C: 정말 고집쟁이라 걔하고는 말이 안 통해.
B: 그럼 어떡해.

137위 본인의 능력 밖의 일을 부탁받았을 때

난 못하겠어.

A: 보고도 못 본 척 하는건 난 못하겠어.
B: 너만 입 다물고 있으면 되는거야. 부탁이야!

138위 교통편을 선택할 때

택시 잡을까?

C: 비 엄청온다. 어짜피 기본요금인데 택시 잡을까?
C: 오케이!

해설 : 주로 젊은 층에서 쓰는 표현으로, 표준어로는 택시를 잡다 「タクシーをひろう」라고 한다.

134

일본 네이티브가 매일 쓰는 이 한마디

이해할 수 있나요?

136위 あの子とは話が通じないよ。

C まったく意地っぱりであの子とは話が通じないよ。

B じゃあどうすんだよ。

137위 私にはできないよ。
＝私には無理だよ。

A 見て見ぬふりなんか私にはできないよ。

B お前だけ黙ってればすむことなんだ。頼む!

138위 タクる?

C すごい雨だね。どうせ基本料金だし、タクる?

C オッケー!

135

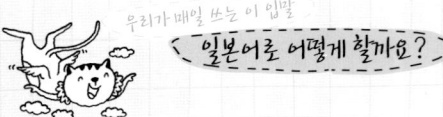

139위 친구에게 호감을 느끼는 사람이 있을 때

걔가 너 좋아한대.

A: 무슨 비밀얘기해? 나도 가르쳐 줘.
A: 사쿠라이 알지? 걔가 너 좋아한대.

해설 : 일본에서는 '너(あんた)'라는 직접적인 2인칭 호칭보다는 그 자리에 상대방의 이름을 넣어 이야기하는 것이 일반적이다.

140위 맛있어 보이는게 있을 때

한 입만 줄래?

C: 맛있겠다! 한 입만 줄래?
C: 그래. 여기.

141위

염치가 없고 부끄러운줄 모르는 사람을 두고

걔 정말 뻔뻔해.

C: 어제 걔가 내 발 밟아놓고는 '방해되잖아!'라고 도리어 지가 화를 내더라구.
C: 걔 정말 뻔뻔해.

일본 네이티브가 매일 쓰는 이 말말

이해할 수 있나요?

139위

あいつ、あんたに気があるんだって。

A 何ナイショ話してんの。私にも教えて。

A 櫻井って知ってるでしょ？ あいつ、あんたに気があるんだって。

140위

一口だけくれる？

C あ、おいしそう！ 一口だけくれる？

C いいよ。はい。

141위

彼ってホント図々しいよね。

C 昨日彼に足踏まれて「邪魔だろ」って逆切れされた。

C 彼ってホント図々しいよね。

137

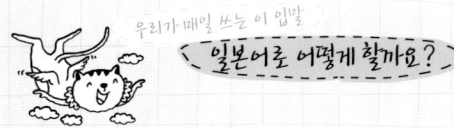

142위 교통 수단을 언급할 때

자전거 타고 가자.

C: 꽤 가까우니까 자전거 타고 가자.
C: 그래.

해설 : 자전거는 표준어로 「自転車」라고 하지만 젊은 사람들 사이에서는 「チャリ」나 「チャリンコ」를 사용하는 경우도 많다.

143위 자주 지각하는 학생이 어김없이 지각하게 생겨 울상이 됐을 때

또 지각이야. 어떡해.

C: 또 지각이야. 어떡해.
A: 너 오늘도 지각하면 벌금 내는거 아니었어?

144위 휴대전화의 전원이 꺼졌을 때

핸드폰 배터리가 나갔어.

B: 몇 번이나 전화했는데 왜 안받아!
C: 미안, 지금 핸드폰 배터리가 나갔어.

해설 : 「電池切れ」 대신 「バッテリー切れ」라고도 한다.

일본 네이티브가 매일 쓰는 이 말말

이해할 수 있나요?

142위 チャリで行こう。

=チャリ乗って行こう。

C 結構近いし、チャリで行こう。

C そうだね。

143위 また遅刻だよ。どうしよう。

C また遅刻だよ。どうしよう。

A あんた確か今日も遅刻したら罰金じゃなかったっけ?

144위 携帯電池切れなの。

B 何回も電話したのにどうして出ないんだよ。

C ごめん、今携帯電池切れなの。

139

145위 – 156위

145위 참견하지 마!

146위 닭살커플이네.

147위 완전 망신당했어.

148위 바람맞았다며.

149위 난 개랑 안 맞아.

150위 컴퓨터 다운됐어.

151위 그 말 진짜지?

152위 그 동안 고마웠어요.

153위 뻔하지 뭐.

154위 깜빡 속을 뻔 했네.

155위 미팅 안할래?

156위 노망났어?

145위 - 156위

145위 口出しするな！

146위 アツアツのカップルじゃん。

147위 すっげえ恥かいた。

148위 約束すっぽかされたんだって。

149위 私あの子とは合わないんだ。

150위 パソコン凍っちゃった。

151위 それ、本当だな。

152위 今までどうもありがとう。

153위 きまってるじゃん。

154위 うっかり騙されるところだったよ。

155위 合コン出ない？

156위 ぼけてる？

145위 타인이 나의 일에 끼어드는 것이 불편할 때

참견하지 마!

B: 야, 좀 잘 해주지 그러냐?
B: 남의 일에 참견하지 마!

146위 공공장소에서도 서슴지 않고 애정행각을 벌이는 커플을 보고

닭살커플이네.

A: 요즘 남자친구랑 사이가 좀 식었어. 키스도 하루에 5번밖에 안
한다니까.
C: 여전히 닭살커플이네.

147위 타인에게 체면을 손상당했을 때

완전 망신당했어.
(속어:완전 쪽 팔렸어.)

B: 걔 때문에 완전 망신당했어.
B: 남의 탓으로 돌리지 마. 너가 나쁜거잖아.

일본 네이티브가 매일 쓰는 이 입말

이해할 수 있나요?

145위

口出しするな!
くち だ

B おい、もう少しやさしくしたらどうだ?
　　　　すこ

B 人のことに口出しするな!
　　ひと　　　　くちだ

146위

アツアツのカップルじゃん。

A 最近彼との仲がちょっと冷めちゃったんだよね。
　　さいきんかれ　なか　　　　　　さ
　　キスも1日に5回だけなの。
　　　　　にち　かい

C 全然アツアツのカップルじゃん。
　　ぜんぜん

147위

すっげえ恥かいた。
　　　　　　はじ

=すっげえ恥ずかしかった。
　　　　　　は

B あいつのせいですっげえ恥かいた。
　　　　　　　　　　　はじ

B 人のせいにするなよ。自分が悪いんだろ。
　　ひと　　　　　　　　じぶん　わる

143

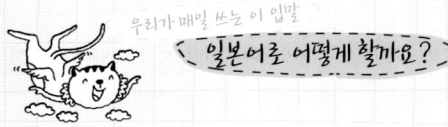
148위 상대방이 약속을 어겨 헛걸음한 친구에게

바람맞았다며.

C: 첫 데이트였는데 바람맞았다며.
C: 어떻게 알았어?

149위 성격이나 성향이 맞지 않을 경우

난 개랑 안 맞아.

A: 왠지 모르지만 난 개랑 안 맞아.
C: 그래? 사이 좋다고 생각했었는데.

150위 컴퓨터가 돌연 작업 불가능인 상태가 됐을 때

컴퓨터 다운됐어.

C: 또 컴퓨터 다운됐어.
C: 그거 이제 고물이네. 새로운걸 사지그래?

일본 네이티브가 매일 쓰는 이 말발
이해할 수 있나요?

148위
約束<small>やくそく</small>すっぽかされたんだって。

C　初<small>はつ</small>デートだったのに 約束<small>やくそく</small>すっぽかされたんだって。

C　何<small>なん</small>で知<small>し</small>ってんの？

149위
私<small>わたし</small>あの子<small>こ</small>とは合<small>あ</small>わないんだ。

A　何<small>なん</small>でか知<small>し</small>らないけど、私<small>わたし</small>あの子<small>こ</small>とは合<small>あ</small>わないんだ。

C　そう？ 仲<small>なか</small>いいと思<small>おも</small>ってたんだけどね。

150위
パソコン凍<small>こお</small>っちゃった。
＝パソコンダウンしちゃった。

C　またパソコン凍<small>こお</small>っちゃった。

C　もうそれガラクタだね。新<small>あたら</small>しいの買<small>か</small>えば？

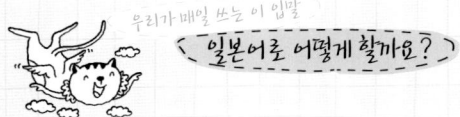

151위 다시 한 번 말을 확인하고자 할 때

그 말 진짜지?

B: 오늘 점심은 내가 쏠게.
B: 그 말 진짜지? 완전 많이 먹어줄테다.

152위 오랫동안 함께 한 사람과 헤어지게 됐을 때

그 동안 고마웠어요.

C: 그 동안 고마웠어요. 또 편지할게요.
C: 그 쪽 가서도 건강히 잘 지내.

153위 이미 익숙한 상황으로 굳이 물어볼 필요가 없을 때

뻔하지 뭐.

C: 또 이렇게 어지럽혀 놓은거 누구야?
C: 뻔하지 뭐. 걔밖에 더 있어?

일본 네이티브가 매일 쓰는 이 말말

이해할 수 있나요?

151위

それ、本当だな。

B 今日のランチは俺がおごるよ。

B それ、本当だな。めちゃくちゃ食ってやる。

152위

今までどうもありがとう。

C 今までどうもありがとう。また手紙送ります。

C 向こうに行っても元気でね。

153위

きまってるじゃん。

C またこんなに散らかしたの、誰？

C きまってるじゃん。あいつしかいないでしょ。

147

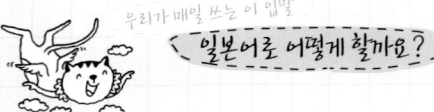
154위 남의 거짓이나 꾀에 속아 넘어가기 전에 이를 알아차리고서

깜빡 속을 뻔 했네.

C: 그 사람이 하는 말은 그다지 믿지 않는게 좋아. 전에도 똑같은 얘기
  했었어.
C: 그렇구나. 깜빡 속을 뻔 했네. 고마워.

155위 만남을 주선할 때

미팅 안할래?

A: 이번 주 금요일에 시간 있어? 미팅 안할래? 3대 3으로, 상대
  는 직장인이고 다 잘생겼어.
A: 응, 시간있긴 한데…….

해설 : 일본의 경우. 1대 1로 하는 소개팅 문화는 존재하지 않는다. 한편, 결혼을 전제로 한 쌍의 남녀
   가 만남을 갖는 경우에 대해서는 「お見合い(선)」이라 부른다.

156위 엉뚱한 소리를 하거나 둔한 행동을 보이는 친구에게

노망났어?

C: 어라? 이쪽 길이 맞나? 뭔가 아닌 것 같은데.
A: 뭐야 왜그래? 노망났어? 매일 지나다니는 길이잖아.

일본 네이티브가 매일 쓰는 이 일말

이해할 수 있나요?

154위 うっかり騙されるところだったよ。

C あの人の言うことはあまり信用しない方がいいよ。
前も同じこと言ってたし。

C そうなんだ。うっかり騙されるところだったよ。
ありがとう。

155위 合コン出ない?

A 今週の金曜日、ひま? 合コン出ない? 3対3で、相手は
社会人のイケメン揃いよ。

A うん、一応あいてるけど……。

156위 ぼけてる?

C あれ? こっちの道であってる? なんか違うような気がす
るなぁ。

A ちょっと、どうしたの? ぼけてる?
毎日通ってる道じゃない。

149

157위 – 168위

157위 말도 안돼!

158위 쓸데없는 말 집어치워!

159위 절대 고의가 아니었어.

160위 내 얘기 좀 들어줘.

161위 먹보야!

162위 나 두고 가지마.

163위 내가 만만하게 보여?

164위 놀라 자빠지는 줄 알았어.

165위 그 동안 하나도 안 변했구나.

166위 낯가림이 엄청 심해.

167위 줄 서세요!

168위 왜 이렇게 우유부단해!

157位 – 168位

157位　どんだけぇ~?

158位　余計（よけい）なこと言（い）うな!

159位　わざとじゃなかったんだよ。

160位　ちょっと、聞（き）いてよ。

161位　食（く）いしん坊（ぼう）!

162位　おいてけぼりにしないで。

163位　なめてんのか。

164位　びっくり仰天（ぎょうてん）だよ。

165位　全然変（ぜんぜんか）わってないね。

166位　人見知（ひとみし）りが激（はげ）しいの。

167位　列（れつ）に並（なら）んでください!

168位　何（なん）でそんなに優柔不断（ゆうじゅうふだん）なの!

우리가 매일 쓰는 이 입말

일본어로 어떻게 할까요?

157위 놀라운 이야기를 들었을 때

말도 안돼!

B: 걔 본인이 귀여운 줄 아나봐.
C: 정말? 말도 안돼!

해설: 무언가에 놀라거나 공감하는 경우, 비난하는 경우 등에 폭넓게 쓸 수 있는 감탄사로 젊은 층에
서 주로 통용된다.

158위 상대방이 감추고 싶은 이야기를 타인 앞에서 들추어 냈을 때

쓸데없는 말 집어치워!

B: 이 자식 어제 야마자키씨 생각하면서 가다가 전봇대에 부딪힌
거 있지. 진짜 웃겼어.
B: 야! 쓸데없는 말 집어치워!

159위 실수로 상대에게 피해를 끼쳐 감정을 상하게 했을 때

절대 고의가 아니었어.

B: 정말로 절대 고의가 아니었어.
C: 그럼 그녀에게 어떻게 된 사연인지 말해줘.

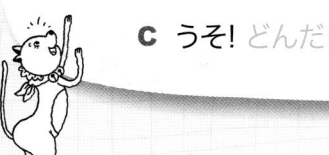

일본 네이티브가 매일 쓰는 이 말말

이해할 수 있나요?

157위 **どんだけぇ~?**

B あいつさ、自分で自分のことを可愛いとか思ってね？

C うそ! どんだけぇ~?

158위 **余計なこと言うな!**

B こいつ昨日山崎さんのこと考えてて電柱にぶつかったんだよ。マジおかしいの。

B おい、余計なこと言うな!

159위 **わざとじゃなかったんだよ。**

B わざとじゃなかったんだよ、本当に。

C じゃあ、彼女にちゃんとしたいきさつを言ってあげなよ。

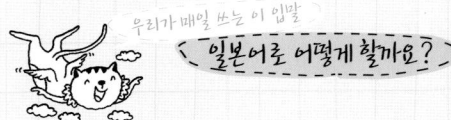

160위 어떠한 이야기를 털어놓거나 감정을 하소연하고 싶을 때

내 얘기 좀 들어줘.

A: 내 얘기 좀 들어줘. 어제 지하철에서 또 전 남자친구랑 딱 마주친거
있지. 완전 어색했어.
C: 뭐? 또야?

161위 식성 좋은 친구에게

먹보야!

A: 이 먹보야! 또 내 쵸콜렛 먹었지!
C: 미안미안. 그치만 한참 클 때라서 금방 배가 고파진단 말야.

해설 : 먹보는 「大^{おお}食^ぐい」라고도 하며, 반대로 소식가는 「小^{しょう}食^{しょく}」라고 한다.

162위 혼자 남겨지는 것을 우려하는 표현

나 두고 가지마.

B: 빨리 따라 와.
A: 아 기다려. 나 두고 가지마.

154

160위 ちょっと、聞いてよ。

A ちょっと、聞いてよ。昨日電車で
また元カレにバッタリ会っちゃってさ。
超 気まずかった。

C えっ、また？

161위 食いしん坊!

A この食いしん坊! また私のチョコ食べたわね。

C ごめんごめん。だって育ち盛りだからさ、すぐお腹空
いちゃうんだよ。

162위 おいてけぼりにしないで。

B 早くついて来いよ。

A あ、待って。おいてけぼりにしないで。

155

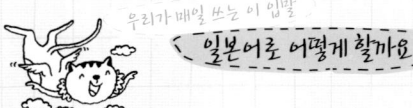

163위 무시 당한 듯한 처사를 받았을 때

내가 만만하게 보여?

B: 뭐야 이 괴상한 문자는! 내가 만만하게 보여?
B: 엣! 그거 내가 보낸거 아니야.

164위 뜻밖의 일을 당해 매우 놀랐을 때

놀라 자빠지는 줄 알았어.

C: 걔가 돌변하는 모습 보고는 놀라 자빠지는 줄 알았어.
B: 진짜. 짱 무서웠어.

해설 : 참고로, "깜짝이야"라고 할 때 남성은 격의 없는 표현으로 「びびった」라는 표현을 즐겨쓴다.

165위 오랜만에 만난 친구를 보고

그 동안 하나도 안 변했구나.

C: 10년만인데 그 동안 하나도 안 변했구나.
C: 잘 지냈어? 정말 오랜만이다.

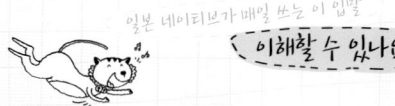

이해할 수 있나요?

163위 **なめてんのか。**

B なんなんだ、このへんてこりんなメールは!

なめてんのか。

B えっ! それ僕が送ったんじゃないよ。

164위 **びっくり仰天だよ。**

C あいつの豹変ぶりにはびっくり仰天だよ。

B ホントだよな。まじ怖かったよ。

165위 **全然変わってないね。**

C 10年ぶりなのに全然変わってないね。

C 元気だった? 本当に久しぶりだね。

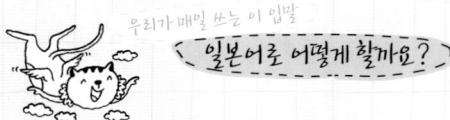

166위 낯선 사람을 대하기 어려워함을 표현할 때

낯가림이 엄청 심해.

A: 나 낯가림이 엄청 심해. 미안한데 같이 가줄 수 있어?
A: 에휴! 이번만이야.

167위 사람이 너무 많아 질서가 필요할 때

줄 서세요!

C: 손님! 줄 서세요!
A: 어머, 줄이 꽤 기네.

168위 대범하게 행동에 옮기거나 결단을 내리지 못하는 사람을 보고

왜 이렇게 우유부단해!

A: 왜 이렇게 우유부단해! 싫으면 싫다고 확실히 말해!
C: 그치만…….

158

일본 네이티브가 매일 쓰는 이 입말

이해할 수 있나요?

166위 人見知りが激しいの。

A 私、人見知りが激しいの。悪いんだけど、一緒に来てくれない?

A もう! 今回だけよ。

167위 列に並んでください!

C お客さん! 列に並んでください!

A あら、随分並んでいるのね。

168위 何でそんなに優柔不断なの!

A 何でそんなに優柔不断なの! いやならいやだってはっきり言いなさいよ!

C だって……。

159

169위 – 180위

169위　저 애는 내가 먼저 찜했어.

170위　옷이 너무 야하네.

171위　내 일은 내가 알아서 할 테니까.

172위　당했다!

173위　사랑이 식었구나.

174위　나이 값 좀 해.

175위　완전히 딴 사람 같아.

176위　오늘은 정말 정신이 없었어.

177위　같은 걸로 주세요.

178위　남은 음식 좀 싸 주실 수 있나요?

179위　아는 척 좀 그만했으면 좋겠어!

180위　따끔따끔해.

169位 ─ 180位

169位 あの子は俺が先に目付けたからな。

170位 服が派手すぎるよ。

171位 俺のことは俺がなんとかするから。

172位 やられた!

173位 愛が冷めたわね。

174位 少しは年をわきまえなさい。

175位 全然別人みたいだよ。

176位 今日は本当に大変だったよ。

177位 同じのにしてください。

178位 残ったものは包んでもらえますか。

179位 知ったかぶりもほどほどにしてほしいよね。

180位 ちくちくする。

169위 다른 사람은 접근하지 말라는 무언의 압력을 가할 때

저 애는 내가 먼저 찜했어.

B: 저 애는 내가 먼저 찜했어. 손대지 마.
B: 그 말, 벌써 귀에 못이 박히도록 들었어.

170위 지나치게 화려한 색이나 디자인의 옷을 입은 사람을 보고

옷이 너무 야하네.

C: 졸업식인데 옷이 너무 야하네. 좀 더 평범한 걸로 하지 그래?
C: 응. 역시 그게 낫겠지?

171위 간섭받기 싫을 때

내 일은 내가 알아서 할 테니까.

B: 냅 둬. 내 일은 내가 알아서 할 테니까.
B: 너 그 말 몇 번째냐.

일본 네이티브가 매일 쓰는 이 말말

이해할 수 있나요?

169위

あの子は俺が先に目付けたからな。

B あの子は俺が先に目付けたからな。手出すなよ。

B その言葉、もう耳にたこができるほど聞いたよ。

170위

服が派手すぎるよ。

C 卒業式なのに服が派手すぎるよ。
もっと地味なのにすれば？

C うん。やっぱりそうだよね。

171위

俺のことは俺がなんとかするから。

= 私のことは私がなんとかするから。

B ほっといてくれ。俺のことは俺がなんとかするから。

B お前それ何回目だよ。

163

172위 어떠한 피해를 보거나 거짓말에 속아 넘어갔을 때

당했다!

C: 또 당했다! 이번 달 들어서 벌써 3번째야.
C: 아예 경찰에 신고하지 그래?

173위 애인의 변한 태도를 보고

사랑이 식었구나.

B: 야, 데이트에 츄리닝은 너무하지 않냐?
A: 사랑이 식었구나. 옛날에는 뭐든 예쁘다고 했으면서.

174위 철부지같은 행동만 하는 사람을 보고

나이 값 좀 해.

B: 그 옷은 뭐야! 나이 값 좀 해.
A: 쳇! 아빠는 잔소리쟁이!

해설 : 웃 어른이 아랫사람에게 훈계조로 하는 말투이다.

일본 네이티브가 매일 쓰는 이 한마디

이해할 수 있나요?

172위 やられた!

C またやられた! 今月に入ってすでに3回目だよ。

C もう警察に通報すれば?

173위 愛が冷めたわね。

B おい、デートにジャージはないだろ。

A 愛が冷めたわね。昔は何でもかわいいって言ってた
くせに。

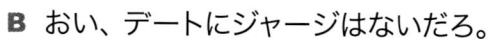

174위 少しは年をわきまえな
さい。

B その服は何だ! 少しは年をわきまえなさい。

A もう! お父さんは小言ばっかり!

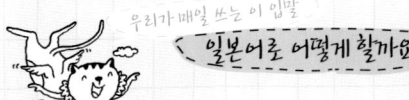

175위 평상시의 모습과 전혀 다른 모습을 보이는 친구에게

완전히 딴 사람 같아.

A: 무슨 일 있었어? 너 완전히 딴 사람 같아.

C: 미안. 좀 충격적인 일이 있어서. 잠시 동안 혼자 좀 놔둬줄래?

176위 하루 종일 매우 바쁘거나 신경 쓸 일이 많았을 때

오늘은 정말 정신이 없었어.

C: 이 곳 저 곳에서 클레임이 들어와서 오늘은 정말 정신이 없었어.

C: 부하의 실수였던거지?

177위 음식점에서 주문할 때

같은 걸로 주세요.

A: 돈가쓰 정식 하나주세요! 넌 뭐할래?

A: 저도 같은 걸로 주세요.

175위 **全然別人みたいだよ。**

A 何かあったの？ あんた、全然別人みたいだよ。

C ごめん。ちょっとショックなことがあって。しばらくの間 そっとしといてくれる？

176위 **今日は本当に大変だったよ。**

C あっちこっちからクレームがきて今日は本当に大変だっ たよ。

C 部下のミスだったんでしょ？

177위 **同じのにしてください。**

A トンカツ定食ひとつ! あんたは何にする？

A 私も同じのにしてください。

167

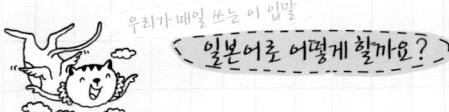
우리가 매일 쓰는 이 입말

일본어로 어떻게 할까요?

178위 음식점에서 식사가 끝난 후 음식이 많이 남았을 때

남은 음식 좀 싸 주실 수 있나요?

C: 실례지만 이거 남은 음식 좀 싸 주실 수 있나요?
C: 네. 하지만 날것이니까 가능한 한 빨리 드세요.

179위 계속해서 유식한 척 떠들어대는 사람을 보고

아는 척 좀 그만했으면 좋겠어!

C: 아는 척 좀 그만했으면 좋겠어! 같이 있으면 진짜 피곤해.
C: 왕 짜증나지.

180위 무언가가 자꾸 찔러 신경이 쓰일 때

따끔따끔해.

C: 이 스웨터 싼거라 그런지 너무 따끔따끔해.
C: 유연제에 충분히 담궈 놔.

일본 네이티브가 매일 쓰는 이 입말

이해할 수 있나요?

178위

残ったものは包んでもらえますか。

C すみません、これ、残ったものは包んでもらえますか。

C はい。でも、生物ですからなるべくお早めに召し上がってくださいね。

179위

知ったかぶりもほどほどにしてほしいよね。

C まったく、知ったかぶりもほどほどにしてほしいよね。一緒にいるとマジ疲れる。

C ホント、うざいよね。

180위

ちくちくする。

C このセーター安もんだからかすっごいちくちくする。

C 柔軟剤にたっぷり浸けておきなよ。

181위 – 192위

181위 밥 먹으러 갈까?

182위 포기하면 안 돼.

183위 괜한 걱정했네요.

184위 그야 식은 죽 먹기지.

185위 그럴 기분 아니야.

186위 밤새 펑펑 울었어.

187위 너 진짜 징하다.

188위 어디 갔었어?

189위 기운 내!

190위 만나 뵙게 되어 영광입니다.

191위 내가 곁에 있어줄게.

192위 시비 거는 거냐?

181위 - 192위

181위 ご飯<ruby>食<rt>た</rt></ruby>べに<ruby>行<rt>い</rt></ruby>こうか。

182위 あきらめないで。

183위 <ruby>余計<rt>よけい</rt></ruby>な<ruby>心配<rt>しんぱい</rt></ruby>でしたね。

184위 そんなの<ruby>朝飯前<rt>あさめしまえ</rt></ruby>だよ。

185위 そんな<ruby>気分<rt>きぶん</rt></ruby>じゃないよ。

186위 <ruby>一晩中<rt>ひとばんじゅう</rt></ruby><ruby>泣<rt>な</rt></ruby>いたよ。

187위 しつこいな。

188위 どこ<ruby>行<rt>い</rt></ruby>ってたの？

189위 <ruby>元気<rt>げんき</rt></ruby><ruby>出<rt>だ</rt></ruby>して！

190위 お<ruby>会<rt>あ</rt></ruby>いできて<ruby>光栄<rt>こうえい</rt></ruby>です。

191위 <ruby>私<rt>わたし</rt></ruby>が<ruby>側<rt>そば</rt></ruby>にいてあげる。

192위 ケンカ<ruby>売<rt>う</rt></ruby>ってるわけ？

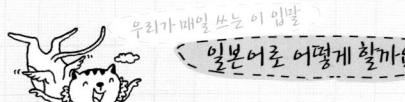

우리가 매일 쓰는 이 입말

일본어로 어떻게 할까요?

181위 함께 식사하러 갈 것을 권할 때

밥 먹으러 갈까?

C: 배고프다. 슬슬 밥 먹으러 갈까?
C: 그래. 오늘은 뭐 먹을까?

182위 심적으로 동요하는 사람에게

포기하면 안 돼.

C: 아무리 힘들어도 포기하면 안 돼.
C: 응, 알고 있어. 고마워.

183위 염려했던 것과 달리 훌륭한 결과물이 나왔을 때

괜한 걱정했네요.

C: 혼자서 괜찮을까 내심 조마조마했었는데 괜한 걱정했네요.
C: 그러게말이에요. 이렇게 훌륭한 작품이 완성되리라고는 생각지
　　도 못했으니까요.

172

일본 네이티브가 매일 쓰는 이 말투

이해할 수 있나요?

181위 ご飯食べに行こうか。

C お腹空いたね。そろそろご飯食べに行こうか。

C そうだね。今日は何食べる？

182위 あきらめないで。

C どんなにつらいことがあってもあきらめないで。

C うん、分かってる。ありがとう。

183위 余計な心配でしたね。

C 一人で大丈夫かなって内心はらはらしてたんですが、
余計な心配でしたね。

C そうですね。こんな立派な作品ができあがるとは思わ
なかったですからね。

173

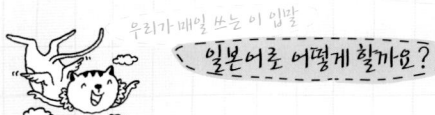

우리가 매일 쓰는 이 입말
일본어로 어떻게 할까요?

184위 아주 쉬운 일을 부탁받았을 때 흔쾌히 받아들이는 표현

그야 식은 죽 먹기지.

C: 미안한데 여기 좀 고쳐줄 수 있을까?
C: 응. 그야 식은 죽 먹기지.

185위 상대의 제의를 거절할 때

그럴 기분 아니야.

C: 시험도 끝났는데 오늘 다 같이 술자리 어때?
C: 미안하지만 그럴 기분 아니야.

186위 슬프거나 속상한 일이 있을 때

밤새 펑펑 울었어.

B: 나도 실연당했을 땐 슬퍼서 밤새 펑펑 울었어.
C: 위로해 줘서 고마워.

일본 네이티브가 매일 쓰는 이 입말

이해할 수 있나요?

184위 そんなの朝飯前だよ。

C 悪いけど、ここの所ちょっと直してもらえるかな。

C うん。そんなの朝飯前だよ。

185위 そんな気分じゃないよ。

C テストも終わったことだし、今日みんなで飲み会どう?

C 悪いけどそんな気分じゃないよ。

186위 一晩中泣いたよ。

B 俺も失恋した時は悲しくて一晩中泣いたよ。

C 慰めてくれてありがとう。

175

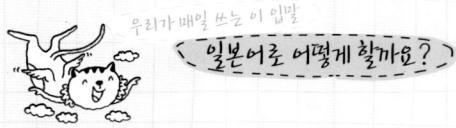

187위 집요하게 물어보거나 귀찮게 할 때

너 진짜 징하다.

A: 야, 좀 가르쳐줘. 궁금하잖아.
C: 너 진짜 징하다. 정말 아무것도 아니라니까.

188위 돌연 자리를 비웠다 나타난 친구에게

어디 갔었어?

C: 아까부터 계속 안보이던데 어디 갔었어?
C: 잠깐 화장실.

189위 안 좋은 일을 겪고 침울해하는 친구를 격려할 때

기운 내!(힘내!)

B: 난 왜 항상 이 모양인걸까.
C: 무슨 일이 있었는지는 모르겠지만 기운 내!

일본 네이티브가 매일 쓰는 이 말말
이해할 수 있나요?

187위 しつこいな。

A ねえ、教_{おし}えてよ。気_きになるでしょ。
C しつこいな。何_{なん}でもないよ、本当_{ほんとう}に。

188위 どこ行_いってたの?

C さっきからずっと見_みえなかったけど、どこ行_いってたの?
C あ、ちょっとトイレ。

189위 元気_{げんき}出_だして!

B 俺_{おれ}って何_{なん}でいつもこうなんだろう。
C 何_{なに}があったか知らないけど、元気_{げんき}出_だして!

177

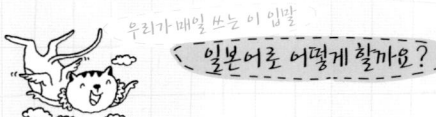

190위 처음 만난 사람끼리 나누는 인사말로 상대방과 만난 것이 굉장히
기쁜 일임을 적극적으로 표현하고자 할 때

만나 뵙게 되어 영광입니다.

C: 당신이 이 작품의 모델분이시군요. 만나 뵙게 되어 영광입니다.
C: 아, 평론가인 야마구치씨군요.
　저야말로 만나 뵙게 되어 반갑습니다.

191위 혼자 힘들어하는 사람에게

내가 곁에 있어줄게.

A: 진정될 때까지 내가 곁에 있어줄게.
C: 미안해. 고마워.

192위 상대방의 특정 행동이 거슬릴 때

시비 거는 거냐?

B: 뭘 빤히 봐. 시비 거는 거냐?
B: 아니, 옷에 가격표가 그대로 붙어 있길래 말해주려고.

일본 네이티브가 매일 쓰는 이 입말
이해할 수 있나요?

190위 お会いできて光栄です。

C あなたがこの作品のモデルとなった方ですね。
お会いできて光栄です。

C あ、評論家の山口さんですね。
こちらこそお会いできて嬉しいです。

191위 私が側にいてあげる。

A 落ち着くまで私が側にいてあげる。

C ごめんね。ありがとう。

192위 ケンカ売ってるわけ？

B 何じっと見てんだよ。ケンカ売ってるわけ？

B いや、服にタグ付いたまんまだったから教えてあげよ
うと思ってさ。

193위 – 204위

193위 낡였어.

194위 앞날이 캄캄해.

195위 역시 친구가 최고야!

196위 걔 양다리 걸치고 있어.

197위 시험공부 했어?

198위 성형 수술 한 것 같지?

199위 내 자신이 한심해.

200위 면목 없습니다.

201위 그런 건 이미 이골이 난 사람이야.

202위 얼굴이 부었어.

203위 몸이 안 좋아서 쉴게요.

204위 기본이 안 돼 있어.

193位 – 204位

193位 食_くいついてきた。

194位 お先_{さきま}真っ暗_{くら}!

195位 やっぱり持_もつべきものは友_{とも}だちだね!

196位 あいつ、ふたまたかけてるんだよ。

197位 試験勉強_{しけんべんきょう}した?

198位 美容整形_{びようせいけい}したみたいだよね。

199位 自分_{じぶん}で自分_{じぶん}が情_なけないよ。

200位 合_あわせる顔_{かお}がないです。

201位 そういうのはもう慣_なれっこだから。

202位 顔_{かお}が腫_はれちゃった。

203位 体調不良_{たいちょうふりょう}でお休_{やす}みさせていただきます。

204位 基本_{きほん}がなってないね。

우리가 매일 쓰는 이 입말

일본어로 어떻게 할까요?

193위 그럴 듯한 속임수에 상대방이 걸려들었을 때

낚였어.

C: 역시나 낚였어.
C: 역시 단순한 녀석이군요.

해설 : 물고기 뿐만 아니라 사람에 대해서도 던진 미끼에 걸려들었을 때 비유적으로 사용할 수 있으며, 자신이 던진 화두에 대해 상대방이 열렬한 반응을 보일 경우에도 사용 가능하다.

194위 절망적인 상황에서

앞날이 캄캄해.

C: 직장에서도 잘렸고 이제 앞날이 캄캄해.
A: 금방 새로운 직장 구할 수 있을꺼야. 힘 내!

195위 친구의 고마움을 새삼 느낀 후

역시 친구가 최고야!

C: 각트 콘서트 티켓이야, 받아. 가고싶다고 했었지?
C: 받아도 돼? 고마워. 역시 친구가 최고야!

일본 네이티브가 매일 쓰는 이 말말

이해할 수 있나요?

193위 食いついてきた。

C 案の定食いついてきた。

C やっぱ単純な奴ですね。

194위 お先真っ暗!

C 仕事もクビになっちゃったし、もうお先真っ暗!

A すぐ新しい仕事見つかるわよ。頑張って!

195위 やっぱり持つべきものは
友だちだね!

C はい、ガクトのコンサートチケット。行きたがってたでしょ。

C いいの? ありがとう。やっぱり持つべきものは友だちだね!

우리가 매일 쓰는 이 입말
일본어로 어떻게 할까요?

196위 두명의 이성과 동시에 사귀고 있을 때

걔 양다리 걸치고 있어.

C: 저렇게 귀여운 애랑 사귀는 주제에 걔 양다리 걸치고 있어.
B: 정말? 믿을 수 없군.

197위 시험이 코 앞으로 다가온 상황에서

시험공부 했어?

C: 시험공부 했어? 내일이잖아.
C: 시험범위도 모르는데.

198위 외모에 대해 언급하며

성형 수술 한 것 같지?

C: 이 여배우 성형 수술 한 것 같지?
A: 어머, 요전에 했다고 공식적으로 밝혔어. 몰랐어?

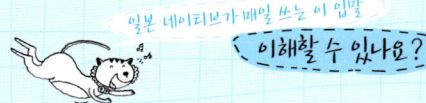

196위

あいつ、ふたまたかけてるんだよ。

C　あんな可愛い娘と付き合ってるくせにあいつ、ふたまたかけてるんだよ。

B　うそ。信じられねえな。

197위

試験勉強した？

C　試験勉強した？　明日だよね。

C　てか、試験範囲も知らないし。

198위

美容整形したみたいだよね。

C　この女優、美容整形したみたいだよね。

A　あら、この前やったって公言したわよ。

　　知らなかったの？

185

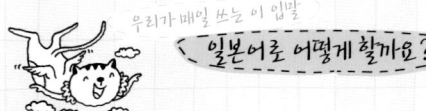
199위 본인의 실력이나 모습에 부족함을 느껴 비참할 때

내 자신이 한심해.

C: 그렇게 열심히 했는데 이것밖엔 안되다니 내 자신이 한심해.
B: 너무 그렇게 자책하지 마.

200위 잘못을 저질러 대할 낯이 없을 때

면목 없습니다.

B: 전혀 기대했던 것과 딴판이군. 유감스러워.
C: 죄송합니다. 면목 없습니다.

201위 어떠한 행동이나 일상이 익숙해진 사람을 두고

그런 건 이미 이골이 난
사람이야.

C: 싫으면 싫다고 확실히 말해.
C: 괜찮아. 그런 건 이미 이골이 난 사람이야.

일본 네이티브가 매일 쓰는 이 입말
이해할 수 있나요?

199위 自分で自分が情けないよ。

C あんなに頑張ってこれしかできないなんて自分で自分が情けないよ。

B そう自分を責めるなよ。

200위 合わせる顔がないです。

B まったくの期待外れだな。残念だよ。

C すみません。合わせる顔がないです。

201위 そういうのはもう慣れっこだから。

C 嫌なら嫌ってはっきり言いなよ。

C 平気だよ。そういうのはもう慣れっこだから。

187

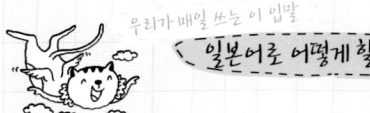

202위 전 날 야식을 먹어 얼굴이 말이 아닐 때

얼굴이 부었어.

C: 어제 밤에 라면먹고 잤더니 얼굴이 부었어.
A: 너 지금 얼굴 장난 아니야.

203위 결석, 결근한다는 사실을 미리 알릴 때

몸이 안 좋아서 쉴게요.

C: 여보세요, 부장님. 오늘 몸이 안 좋아서 쉴게요.
B: 알았어. 몸조리 잘 하고.

204위 사람이 살아가는데 갖추어야 할 윤리와 상식이 부족한 사람에게

기본이 안 돼 있어.

C: 어른을 만나도 인사도 안하다니 기본이 안 돼 있어.
C: 걔 예의바른걸로 유명한데 아마 뭐 골똘히 생각하느라 그랬겠지.

일본 네이티브가 매일 쓰는 이 입말

이해할 수 있나요?

202위 顔が腫れちゃった。

C 夕べラーメン食べて寝たら顔が腫れちゃった。

A あんた今すごい顔してるよ。

203위 体調不良でお休みさせていただきます。

C もしもし、部長。今日は体調不良でお休みさせていただきます。

B 分かった。お大事にな。

204위 基本がなってないね。

C 大人に会っても挨拶もしないなんて、基本がなってないね。

C あの子礼儀正しいので有名だし、きっと考え事でもしてたんでしょう。

205위 – 216위

205위 빈둥거리지 마.

206위 비교가 안 돼.

207위 얼굴 빨개지는거 보니 맞구만.

208위 삼각관계로 애 태우는 중이에요.

209위 뭘 그렇게 쑥스러워 해.

210위 앞으로도 계속 연락하고 지내자.

211위 운이 좋군!

212위 그거 싸구려야.

213위 본인부담이야?!

214위 그 남자한테 홀딱 반했어.

215위 오랜만에 정말 푹 잤어.

216위 바보 같은 짓 하지 마.

205위 – 216위

205위　ぐうたらするな。

206위　ケタ<ruby>違<rt>ちが</rt></ruby>いだよ。

207위　<ruby>顔赤<rt>かおあか</rt></ruby>くなるの<ruby>見<rt>み</rt></ruby>たら<ruby>図星<rt>ずぼし</rt></ruby>じゃん。

208위　<ruby>三角関係<rt>さんかくかんけい</rt></ruby>で<ruby>悩<rt>なや</rt></ruby>まされてるんです。

209위　<ruby>何照<rt>なにて</rt></ruby>れてんの。

210위　これからもずっと<ruby>連絡<rt>れんらく</rt></ruby>し<ruby>合<rt>あ</rt></ruby>おうね。

211위　ついてるな。

212위　それ、<ruby>安<rt>やす</rt></ruby>もんだよ。

213위　<ruby>自腹<rt>じばら</rt></ruby>かよ!

214위　<ruby>彼<rt>かれ</rt></ruby>にべた<ruby>惚<rt>ぼ</rt></ruby>れだよ。

215위　<ruby>久<rt>ひさ</rt></ruby>しぶりにぐっすり<ruby>眠<rt>ねむ</rt></ruby>れたよ。

216위　ばかみたいなことしないで。

191

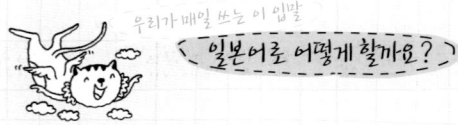

205위 아무 일도 안하고 뒹굴거리는 사람에게

빈둥거리지 마.

B: 여름방학이라고 매일같이 빈둥거리지 마.
C: 내일부터 공부 하려고 했어.

206위 비교할 수도 없을 정도로 차이가 많이 날 때

비교가 안 돼.

B: 우리 집이랑 걔네 집은 비교가 안 돼.
B: 걔네 집은 부자잖아.

207위 정곡을 찌르는 말에 얼굴 붉히는 친구를 보며

얼굴 빨개지는거 보니 맞구만.

A: 아니라니깐!
A: 얼굴 빨개지는거 보니 맞구만. 언제부터 좋아하게 된거야?

192

일본 네이티브가 매일 쓰는 이 입말

이해할 수 있나요?

205위 ぐうたらするな。

B 夏休みだからって毎日毎日ぐうたらするな。

C 明日からは勉強しようと思ったの。

206위 ケタ違いだよ。

B 俺ん家とあいつん家はケタ違いだよ。

B だってあいつん家は金持ちだもんな。

207위 顔赤くなるの見たら図星じゃん。

A 違うったら!

A 顔赤くなるの見たら図星じゃん。

いつから好きになったのよ。

193

208위 연애문제로 힘들어하는 심정을 고백할 때

삼각관계로 애 태우는 중이에요.

C: 요즘 삼각관계로 애 태우는 중이에요.
  잠깐 이야기 좀 들어 주시겠어요?
C: 힘들겠구나. 누구랑 삼각관계인데?

209위 특별한 이유 없이 부끄러워하는 사람을 보고

뭘 그렇게 쑥스러워 해.

C: 처음 만나는 사이도 아닌데 뭘 그렇게 쑥스러워 해.
C: 아니 왠지 오랜만에 만나니까.

210위 그동안 알고 지내 온 사람과 헤어지게 됐을 때

앞으로도 계속 연락하고 지내자.

C: 앞으로도 계속 연락하고 지내자.
C: 응. 약속이야.

일본 네이티브가 매일 쓰는 이 입말

이해할 수 있나요?

208위

三角関係で悩まされてるんです。

C 最近三角関係で悩まされてるんです。ちょっと相談にのってもらえませんか。

C それは大変だね。誰となの？

209위

何照れてんの。

C 初めて会う人でもあるまいし、何照れてんの。

C いや、なんか久しぶりに会うからさ。

210위

これからもずっと連絡し合おうね。

C これからもずっと連絡し合おうね。

C うん。約束だよ。

195

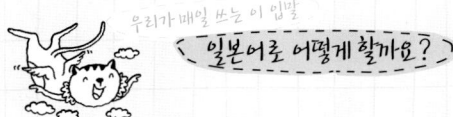

211위 안 좋은 상황을 가까스로 면한 사람에게

운이 좋군!

B: 야, 누구 온다!
B: 운이 좋군! 오늘은 이 정도로 해두지만 다음엔 각오해.

212위 값이 싸거나 질이 낮은 물건을 말할 때

그거 싸구려야.

A: 이거 남자친구한테 선물받은거야. 부럽지?
C: 이런 말하긴 뭣하지만 그거 싸구려야. 게다가 짝퉁.

해설: 「イミテーション(짝퉁)은 젊은 층에서는 흔히 「ぱちもん」이라고도 한다.

213위 (경비 따위를) 자비로 지불해야 하는데 대한 불만의 표현

본인부담이야?!

C: 한 사람 당 3000엔 씩 내서 보수공사를 하는건 어때?
B: 본인부담이야?! 난 싫어.

일본 네이티브가 매일 쓰는 이 입말
이해할 수 있나요?

211위 ## ついてるな。

B おい、誰か来た!

B ついてるな。今日はこれくらいにしておくけど、次は覚悟しろよ。

212위 ## それ、安もんだよ。

A これ、彼にプレゼントしてもらったんだ。いいでしょ。

C こう言っちゃ悪いけど、それ、安もんだよ。しかもイミテーション。

213위 ## 自腹かよ!

C 一人当たり3000円ずつ出し合って補修工事をするっていうのはどう?

B 自腹かよ! 俺は嫌だね。

214위 한 남자에게 푹 빠져있는 친구에 대해 언급할 때

그 남자한테 홀딱 반했어.

A: 걔는 그 남자한테 홀딱 반했어. 무슨 말을 해도 듣지 않을걸?
B: 그게 문제란 말이야.

215위 오래간만에 숙면을 취했을 때

오랜만에 정말 푹 잤어.

C: 레포트 제출 끝나서 오랜만에 정말 푹 잤어.
C: 잘됐네.

216위 감정적으로 터무니 없는 일을 저지르려는 사람에게

바보 같은 짓 하지 마.

C: 분한 마음은 알지만 그렇다고 바보 같은 짓 하지 마.
C: 하지만 이대로는 분이 풀리질 않는걸.

일본 네이티브가 매일 쓰는 이 말말

이해할 수 있나요?

214위 彼にべた惚れだよ。

A あの子は彼にべた惚れだよ。何を言っても聞く耳持たないわ。

B そこが問題なんだよな。

215위 久しぶりにぐっすり眠れたよ。

C レポート提出も終わって久しぶりにぐっすり眠れたよ。

C それはよかったね。

216위 ばかみたいなことしないで。

C 悔しいのは分かるけど、だからってばかみたいなことしないで。

C だってこのままじゃあ気がすまないよ。

199

217위 – 228위

217위 네가 좀 심했어.

218위 벌써 월급 다 써 버렸어.

219위 너무 실망하지 마.

220위 열심히 하겠습니다!

221위 나도 모르지.

222위 지금 좀 도와줄 수 있니?

223위 태평하게 놀고 있을 때야?

224위 싫다고 했잖아.

225위 사진보다 실물이 훨씬 예뻐.

226위 그 얘긴 꺼내지도 마!

227위 시간 좀 내봐.

228위 사양하지 말고 드세요.

217位 − 228位

217位　やりすぎだよ。

218位　もう月給（げっきゅう）使（つか）い果（は）たしちゃった。

219位　そんなに気（き）を落（お）とさないで。

220位　頑張（がんば）ります！

221位　私（わたし）だって知（し）らないよ。

222位　今（いま）ちょっと手伝（てつだ）ってもらえないかな。

223位　呑気（のんき）に遊（あそ）んでる場合（ばあい）？

224位　いやだって言（い）ってるでしょ。

225位　写真（しゃしん）より実物（じつぶつ）の方（ほう）が全然（ぜんぜん）かわいいよ。

226位　その話（はなし）は口（くち）にも出（だ）すな！

227位　時間（じかん）出（だ）してみろよ。

228位　遠慮（えんりょ）しないで食（た）べてください。

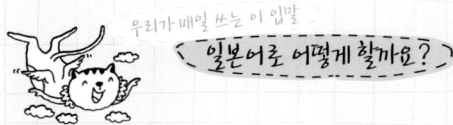

217위 지나친 말이나 행동을 한 친구를 나무라며

네가 좀 심했어.

C: 울리다니 아무리 그래도 네가 좀 심했어.
C: 미안. 놀리니까 반응이 재밌어서 그만.

218위 궁핍한 생활을 하는 이유에 대해

벌써 월급 다 써 버렸어.

C: 이번 달은 쇼핑으로 벌써 월급 다 써 버렸어.
B: 야야, 벌써 다 써버리면 어떡하나.

219위 낙담한 친구를 격려할 때

너무 실망하지 마.

C: 시험에서 좋은 점수 못 받았다고 너무 실망하지 마.
　내일 시험 잘 보면 되잖아.
C: 그래 맞아. 고마워.

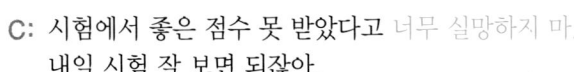

217위 やりすぎだよ。

C 泣（な）かしちゃうなんて、いくらなんでもやりすぎだよ。

C ごめん。からかったら反応（はんのう）がおもしろくて、つい。

218위 もう月給（げっきゅう）使（つか）い果（は）たしちゃった。

＝もう月給（げっきゅう）全部（ぜんぶ）使（つか）っちゃった。

C 今月（こんげつ）はショッピングでもう月給使（げっきゅうつか）い果（は）たしちゃった。

B おいおい、もう使（つか）い果（は）たしちゃったらどうすんだよ。

219위 そんなに気（き）を落（お）とさないで。

C テストでいい点（てん）取（と）れなかったくらいでそんなに気（き）を落（お）とさないで。明日（あした）のテストでいい点（てん）取（と）ればいいじゃん。

C そうだね。ありがとう。

203

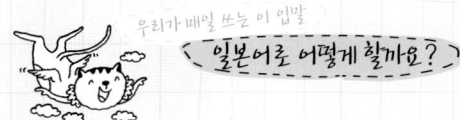
220위 어떤 일을 시작하는데 있어 열정을 갖고 임하겠다는 표현

열심히 하겠습니다!

C: 정말 중요한 일이라 실수는 용납되지 않아.
C: 열심히 하겠습니다! 맡겨주세요!

221위 모르는 것을 연거푸 물어보는 친구에게 답답한 마음을 담아

나도 모르지.

C: 그렇게 모르는 척하지 말고 가르쳐 줘. 정말로 곤란하단 말야.
A: 나도 모르지.

222위 도움을 요청할 때

지금 좀 도와줄 수 있니?

C: 알겠습니다. 다음 주까지 마무리 지으면 되는 거죠?
B: 응, 부탁해. 그건 그렇고 지금 좀 도와줄 수 있니?

일본 네이티브가 매일 쓰는 이 입말

이해할 수 있나요?

220위 頑張_{がんば}ります！

C とても大事_{だいじ}な仕事_{しごと}だからミスは許_{ゆる}されないよ。

C 頑張_{がんば}ります！ 任_{まか}せてください！

221위 私_{わたし}だって知_しらないよ。

＝俺_{おれ}だって知_しらないよ。

C そんな知らんぷりしないで教_{おし}えてよ。本当_{ほんとう}に困_{こま}ってる
んだから。

A 私_{わたし}だって知_しらないよ。

222위 今_{いま}ちょっと手伝_{てつだ}ってもらえ
ないかな。

C 分_わかりました。来週_{らいしゅう}までに間_まに合_あわせたらいいんですね。

B うん、頼_{たの}むよ。それはそうと、今_{いま}ちょっと手伝_{てつだ}ってもら
えないかな。

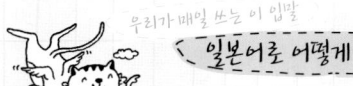

우리가 매일 쓰는 이 입말
일본어로 어떻게 할까요?

223위 중요한 일을 앞두고 느긋하게 있는 친구에게

태평하게 놀고 있을 때야?

A: 너 지금 태평하게 놀고 있을 때야?
C: 괜찮아, 괜찮아. 80점 이상은 자신 있어.

224위 몇 차례 거절했음에도 끈질기게 요구하는 사람에게

싫다고 했잖아.

A: 싫다고 했잖아. 몇 번 말해야 알아 듣는 거야.
B: 그래도 난 도저히 너를 포기할 수 없어.

225위 사진 속 인물이 실제보다 이상하게 찍혀 있을 때

사진보다 실물이 훨씬 예뻐.

C: 소개해 준다는게 이 아이야? 싫어. 내 타입도 아니고.
C: 그래도 사진보다 실물이 훨씬 예뻐. 한번 만나봐.

일본 네이티브가 매일 쓰는 이 입말
이해할 수 있나요?

223위

呑気に遊んでる場合？

A あんたちょっと、呑気に遊んでる場合？
C 平気平気。80点以上は自信あるから。

224위

いやだって言ってるでしょ。

A いやだって言ってるでしょ。何回言ったら分かるのよ。
B それでも僕はどうしても君を諦めることができないんだ。

225위

写真より実物の方が全然 かわいいよ。

C 紹介してくれるってこの子？ 嫌だよ、タイプじゃないし。
C でも、写真より実物の方が全然かわいいよ。
　　一回会ってみなよ。

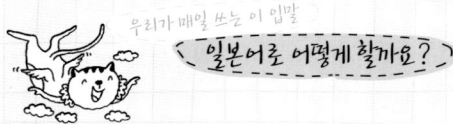
226위 듣기 거북한 과거의 일화를 말하려는 친구에게

그 얘긴 꺼내지도 마!

B: 그나저나 너 요전엔 정말 큰일이었지.
B: 야, 그 얘긴 꺼내지도 마! 떠올리는 것만으로 짜증나니까.

227위 모임 약속을 잡으며 시간 조정을 할 때

시간 좀 내봐.

B: 나 그 날은 선약이 있어.
B: 오랜만에 다 같이 모이는건데 가능한 한 시간 좀 내봐.

228위 마음껏 먹도록 권할 때

사양하지 말고 드세요.

C: 더 있으니까 사양하지 말고 드세요.
C: 감사합니다. 잘 먹겠습니다.

일본 네이티브가 매일 쓰는 이 말!

이해할 수 있나요?

226위 その話は口にも出すな!

Ｂ にしても、お前この間は災難だったな。

Ｂ おい、その話は口にも出すな! 思い出しただけでむかつく。

227위 時間出してみろよ。

Ｂ 俺、その日はもう予定入ってるんだよね。

Ｂ 久しぶりにみんなで集まるんだからなるべく時間出してみろよ。

228위 遠慮しないで食べてください。

Ｃ おかわりもありますから遠慮しないで食べてください。

Ｃ どうもありがとうございます。いただきます。

229위 – 240위

229위 스타킹 나갔어!

230위 첫눈에 반했어요.

231위 돈 엄청 벌었나 봐.

232위 쏙 빼닮았구나.

233위 내가 모를 줄 알고?

234위 썰렁해.

235위 머리가 멍해.

236위 아침에 일어나자마자 보낼게.

237위 먼지투성이네.

238위 질투하는 거야?

239위 질색이야.

240위 심부름 좀 해줄래?

229位 ― 240位

229位 ストッキング電線_{でんせん}しちゃった!

230位 一目惣_{ひとめぼ}れです。

231位 かなり儲_{もう}けたみたいだね。

232位 うりふたつだね。

233位 とぼけんな。

234位 さむいよ。

235位 頭_{あたま}がぼーっとする。

236位 朝一_{あさいち}で送_{おく}っとく。

237位 ほこりだらけじゃん。

238位 妬_やいてんの?

239位 こりごりだよ。

240位 お使_{つか}いに行_いって来_きてくれる?

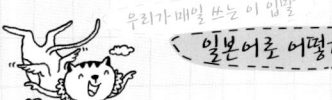

229위 스타킹 올이 나갔을 때

스타킹 나갔어!

A: 앗! 스타킹 나갔어! 새 것이었는데.
C: 빨리 갈아입고 와.

230위 첫 만남을 이야기 하면서

첫눈에 반했어요.

C: 우린 서로 첫눈에 반했어요.
C: 진짜 그런 일도 있구나.

231위 씀씀이가 커지거나 사업이 확장되었을 때

돈 엄청 벌었나 봐.

C: 아키타씨네 해외로 사업 확장한다네. 돈 엄청 벌었나 봐.
C: 불황인데 대단하네.

229위 ストッキング電線（でんせん）しちゃった!

A あーっ、ストッキング電線（でんせん）しちゃった!
新（あたら）しいやつだったのに。

C 早（はや）くはきかえて来（き）なよ。

230위 一目惚（ひとめぼ）れです。

C 私（わたし）たちはお互（たが）い一目惚（ひとめぼ）れです。

C へえ。本当（ほんとう）にそんなこともあるんだね。

231위 かなり儲（もう）けたみたいだね。

C 秋田（あきた）さんとこ、海外（かいがい）まで事業拡大（じぎょうかくだい）するみたい。

かなり儲（もう）けたみたいだね。

C 不況（ふきょう）なのにすごいな。

213

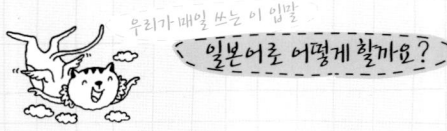

232위 매우 닮은 두 사람을 보고

쏙 빼닮았구나.

C: 치요는 엄마랑 쏙 빼닮았구나.
A: 응! 치요는 엄마 너무 좋아!

233위 어떠한 일을 계속 은폐하려는 사람에게

내가 모를 줄 알고?

B: 난 정말 안했다니까.
B: 내가 모를 줄 알고? 증거가 있어!

해설 : 조금 더 완곡한 표현으로 「とぼけてもムダ」라는 표현을 쓸 수도 있다.

234위 웃기지 않은 이야기로 분위기가 다운됐을 때

썰렁해.

C: 빵으로 배 빵빵.
C: 개그라고 한거야? 썰렁해.

일본 네이티브가 매일 쓰는 이 말들

이해할 수 있나요?

232위 うりふたつだね。

C 千代_{ちよ}ちゃんはお母_{かあ}さんとうりふたつだね。

A うん! 千代_{ちよ}お母_{かあ}さん大好_{だいす}き!

233위 とぼけんな。

B 俺_{おれ}はマジでやってねえよ。

B とぼけんな。証拠_{しょうこ}があるんだぞ!

234위 さむいよ。

C パンでお腹_{なか}パンパン。

C ギャグのつもり? さむいよ。

215

235위 몸 상태가 좋지 않을 때

머리가 멍해.

C: 피곤해서 그런가? 머리가 멍해.
C: 그럼 오늘은 좀 일찍 자.

해설: 「ぼーっとする」는 넋을 놓고 있다는 뜻도 있으며, 「ぼーっとしてる(멍하니 있다)」, 「ぼーっとしてた(멍하니 있었어)」와 같이 활용 가능하다.

236위 시간이 긴박할 때

아침에 일어나자마자 보낼게.

A: 너 완전 피곤해 보이는데 괜찮아? 내일 회의 자료 꼭 보내줘.
C: 알고 있어. 아침에 일어나자마자 보낼게.

237위 깔끔하지 않고 지저분한 상태

먼지투성이네.

C: 이게 뭐야. 먼지투성이네.
C: 아, 그거 한동안 쓰지 않았던 거라서.

일본 네이티브가 매일 쓰는 이 입말

이해할 수 있나요?

235위
<ruby>頭<rt>あたま</rt></ruby>がぼーっとする。

C <ruby>疲<rt>つか</rt></ruby>れてるのかな。<ruby>頭<rt>あたま</rt></ruby>がぼーっとする。

C じゃあ、<ruby>今日<rt>きょう</rt></ruby>は<ruby>早<rt>はや</rt></ruby>めに<ruby>休<rt>やす</rt></ruby>みなよ。

236위
<ruby>朝<rt>あさ</rt></ruby><ruby>一<rt>いち</rt></ruby>で<ruby>送<rt>おく</rt></ruby>っとく。

A あんたすごい<ruby>疲<rt>つか</rt></ruby>れてそうだけど、<ruby>大丈夫<rt>だいじょうぶ</rt></ruby>？　<ruby>明日<rt>あした</rt></ruby>の<ruby>打<rt>う</rt></ruby>ち<ruby>合<rt>あ</rt></ruby>わせの<ruby>資料<rt>しりょう</rt></ruby>、ちゃんと<ruby>送<rt>おく</rt></ruby>ってよ。

C <ruby>分<rt>わ</rt></ruby>かってるよ。<ruby>朝<rt>あさ</rt></ruby><ruby>一<rt>いち</rt></ruby>で<ruby>送<rt>おく</rt></ruby>っとく。

237위
ほこりだらけじゃん。

C <ruby>何<rt>なに</rt></ruby>、これ。ほこりだらけじゃん。

C あ、それ、しばらく<ruby>使<rt>つか</rt></ruby>ってなかったものだから。

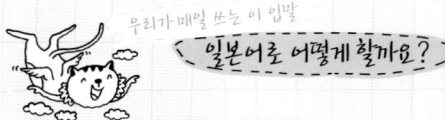
238위 사소한 것에도 예민하게 반응하는 사람에게

질투하는 거야?

B: 그런 말 듣고 가만히 있었어? 한 마디 해줘야지.
A: 뭘 그렇게 정색하고 그래. 설마 질투하는 거야?

239위 반복적 혹은 지속적으로 어떤 일을 겪어 지긋지긋할 때

질색이야.

C: 이런 여행 이젠 질색이야.
B: 왜? 고생은 했지만 그래도 나는 좋았던 것 같아.

240위 타인에게 간단한 일을 부탁할 때

심부름 좀 해줄래?

C: 히카루, 미안한데 잠깐 심부름 좀 해줄래?
C: 알았어. 뭔데?

일본 네이티브가 매일 쓰는 이 입말
이해할 수 있나요?

238위

妬いてんの?

＝やきもち焼いてんの?

B そんなこと言われて黙ってたわけ? 言い返せよ。
A 何ムキになってんのよ。もしかして妬いてんの?

239위

こりごりだよ。

C こんな旅行もうこりごりだよ。
B 何で? 苦労はしたけど、でも俺はよかったと思うよ。

240위

お使いに行って来てくれる?

C 輝、悪いけどちょっとお使いに行って来てくれる?
C いいよ。何?

241위 – 252위

241위 죽고 싶냐!

242위 꼴도 보기 싫어.

243위 구려.

244위 부담된다.

245위 한 번만 봐주세요.

246위 입장 바꿔 생각해 봐.

247위 내가 어떻게 해주길 바라니?

248위 제 눈에 안경이라잖아.

249위 핫토리한테 전화 왔었다고 전해주세요.

250위 무슨 바람이 불었대?

251위 뭐라고 하는지 못 들었어.

252위 뭐라고 감사를 드려야 할지 모르겠네요.

241위 – 252위

241위 死にてぇのか!

242위 顔も見たくない。

243위 ださい。

244위 プレッシャーかかるな。

245위 今回だけ大目に見てください。

246위 立場をかえて考えてみろ。

247위 俺にどうしてほしいわけ?

248위 あばたもえくぼって言うじゃん。

249위 服部から電話があったとお伝え下さい。

250위 どういう風の吹き回し?

251위 何て言ったか聞こえなかった。

252위 何と感謝を申し上げていいか。

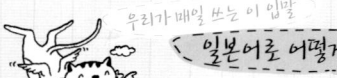

241위 하마터면 사고가 날 뻔한 상황에서

죽고 싶냐!

B: 이 멍청아, 죽고싶냐! 제대로 보고 다녀!
A: 그 쪽이 신호무시한거잖아!

242위 너무 화가나거나 서운한 감정이 쌓였을 때

꼴도 보기 싫어.

A: 걘 더 이상 꼴도 보기 싫어.
C: 왜그래? 싸웠어?

243위 타인의 패션이나 행동, 외모 등에 대해 부정적으로 이야기할 때

구려.

B: 봤어? 걔 오늘 패션. 완전 구려.
B: 봤어봤어. 정말 심하지.

일본 네이티브가 매일 쓰는 이 입말

이해할 수 있나요?

241위 死_しにてぇのか!

B この野郎_{やろう}、死_しにてぇのか! ちゃんと見_みて歩_{ある}け!

A そっちが信号無視_{しんごうむし}したんでしょ!

242위 顔_{かお}も見_みたくない。

A あいつなんかもう顔_{かお}も見_みたくない。

C どうしたの? けんかでもしたの?

243위 ださい。

B 見_みたかよ、あいつの今日_{きょう}のファッション。超_{ちょう}ださい。

B 見_みた見_みた。あれはないよなぁ。

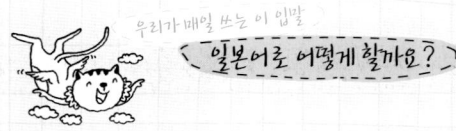

244위 심리적으로 큰 부담감을 느껴 긴장될 때

부담된다.

C: 마지막이라 부담된다. 누구 바꿔줄 사람 없으려나.
A: 너라면 틀림없이 괜찮을거야. 신경쓰지마.

245위 잘못을 저지른 것에 대해 관대한 용서를 구할 때

한 번만 봐주세요.

B: 이 얘기 아빠가 알면 나 죽어요. 한 번만 봐주세요.
B: 그럼 변상은 어떻게 할건데?

246위 너무 자기 입장만 내세워 주장하는 사람에게

입장 바꿔 생각해 봐.

B: 입장 바꿔 생각해 봐. 걔는 걔 나름대로 최선을 다 한거야.
C: 그래. 이해해 줘야겠지?

일본 네이티브가 매일 쓰는 이 입말

이해할 수 있나요?

244위

プレッシャーかかるな。

C 最後ってプレッシャーかかるな。誰か代わってくれない

かな。

A あんたなら絶対大丈夫だよ。ドンマイドンマイ。

245위

今回だけ大目に見てください。

B この事、親父の耳に入ったら俺殺されちゃうよ。

今回だけ大目に見てください。

B じゃあ弁償はどうするつもりなんだ。

246위

立場をかえて考えてみろ。

B 立場をかえて考えてみろ。あいつはあいつなりに頑張

ったんだよ。

C そうだね。分かってあげなきゃね。

247위 상대방이 원하는 바를 빙빙 돌려 표현할 때

내가 어떻게 해주길 바라니?

B: 그래서? 내가 어떻게 해주길 바라니?
A: 그러니까 말이야. 네가 걔한테 잘 좀 말해 줬으면 하는 거지.

248위 남이 보기에는 영 아닌 사람을 연신 칭찬하는 사람을 보고

제 눈에 안경이라잖아.

A: 걔 진짜 못생겼는데 마유미는 완전 **빠져**있더라.
C: 제 눈에 안경이라잖아.

해설 : 「～じゃん」은 원래 横浜(よこはま)지방 사투리이나, 현재는 동경에서도 일상적으로 쓰이는 표현이다.

249위 전화 건 상대가 부재중일 경우

핫토리한테 전화 왔었다고 전해주세요.

A: 남편은 지금 없는데요.
C: 아, 그럼 죄송하지만 핫토리한테 전화 왔었다고 전해주세요.

해설 : 통화시 본인이 누구인지 밝혔을 경우에도 부탁할 때는 다시 한 번 본인의 이름을 넣어 이야기 해야 한다.

일본 네이티브가 매일 쓰는 이 말!
이해할 수 있나요?

247위 俺にどうしてほしいわけ？
＝私にどうしてほしいわけ？

B それで？ 俺にどうしてほしいわけ？
A だからさ。あんたから彼に何とかうまく言ってほしいわけよ。

248위 あばたもえくぼって言うじゃん。

A 彼かなり不細工だけど、まゆみベタ惚れだよね。
C あばたもえくぼって言うじゃん。

249위 服部から電話があったとお伝え下さい。

A 主人は今おりませんが。
C あ、じゃあすみませんが、服部から電話があったとお伝え下さい。

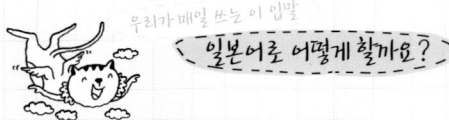

250위 평소와 달리 긍정적인 행동을 하는 사람을 보고

무슨 바람이 불었대?

B: 나 오늘부터는 담배 안 피기로 했어.
A: 어머, 무슨 바람이 불었대?

251위 상대의 말을 제대로 듣지 못했을 때

뭐라고 하는지 못 들었어.

C: 미안. 밖이 시끄러워서 뭐라고 하는지 못 들었어. 다시 말해줘.
C: 그래.

252위 큰 도움을 받아 고마움을 느낄 때

뭐라고 감사를 드려야 할지
모르겠네요.

C: 계단 있는데서 혼자 울고 있는 걸 우연히 보고 데려 온거에요.
A: 어머, 정말 고맙습니다. 뭐라고 감사를 드려야 할지 모르겠네요.

일본 네이티브가 매일 쓰는 이 말!

이해할 수 있나요?

250위 どういう風の吹き回し？

B 俺今日からはタバコやめることにしたんだ。

A あら、どういう風の吹き回し？

251위 何て言ったか聞こえなかった。

C ごめん。外がうるさくて何て言ったか聞こえなかった。
もう一回言って。

C うん、いいよ。

252위 何と感謝を申し上げていいか。

C 階段のところで一人で泣いてるのを偶然見かけて連れて
来たんですよ。

A まあ、本当にどうもありがとうございます。何と感謝
を申し上げていいか。

253위 – 264위

253위 버스 떠났어.

254위 너무 재촉하지 마.

255위 거짓말 같은 거 안 해요.

256위 지난 일에 연연해하지 마.

257위 다리 떨지 마.

258위 돈 한 푼도 없어.

259위 아직 초저녁이잖아.

260위 적당히 둘러대려고 하지 마!

261위 언제든지 놀러 와.

262위 어떻게 해야 할지 모르겠어.

263위 시간 안 지키는 사람 싫더라.

264위 소름이 쫙 끼쳤어요.

253位 – 264位

253位　あとの祭^{まつ}りだよ。

254位　そうせかすなよ。

255位　ウソなんか付^つきません。

256位　過^すぎたことにこだわるなよ。

257位　貧乏^{びんぼう}揺^ゆすりすんな。

258位　無^む一文^{いちもん}なの。

259位　まだ早^{はや}いよ。

260位　ごまかさないで!

261位　いつでも遊^{あそ}びに来^きてね。

262位　どうしていいか分^わからないよ。

263位　時間^{じかん}にルーズな人^{ひと}ってきらい。

264位　鳥肌^{とりはだ}が立^たちました。

253위 이미 늦어서 어쩔 수 없음을 비유한 말

버스 떠났어.

B: 정말 곤란해서 그래. 이번만 어떻게 안될까.
C: 이제와서 그런 말 해봤자 버스 떠났어.

254위 자꾸 채근하는 사람에게

너무 재촉하지 마.

A: 빨리! 늦는단말야.
B: 너무 재촉하지 마. 아직 충분히 여유 있어.

255위 자신의 결백을 주장할 때

거짓말 같은 거 안 해요.

B: 정말 너 혼자 한거야?
B: 거짓말 같은 거 안 해요. 저 혼자 했어요.

232

일본 네이티브가 매일 쓰는 이 일말

이해할 수 있나요?

253위 あとの祭りだよ。

B 本当に困るんだよ。今回だけどうにかならないかな。

C 今更そんなこと言ってもあとの祭りだよ。

254위 そうせかすなよ。

A 早く! 間に合わなくなっちゃう!

B そうせかすなよ。まだ充分余裕あるよ。

255위 ウソなんか付きません。

B 本当に一人でやったのか。

B ウソなんか付きません。僕一人でやりました。

233

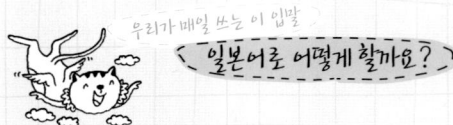

256위 과거의 일에 집착하며 감정이 상해 있는 친구에게

지난 일에 연연해하지 마.

B: 지난 일에 연연해하지마. 긍정적으로 생각하자구.
A: 무슨 소리야. 확실히 책임져!

257위 상대방의 행위가 거슬릴 때

다리 떨지 마.

B: 야, 다리 떨지 마. 신경쓰여.
C: 어, 또 하고 있었어? 미안.

258위 일을 하지 않아 재정적으로 여유가 없을 때

돈 한 푼도 없어.

C: 내일 다 같이 소풍갈껀데 같이 가지 않을래?
C: 요즘 알바 안 해서 돈 한 푼도 없어. 아쉽지만 다음에 또 불러줘.

A：여성　　B：남성　　C：공통

241 ― 252

253 ― 264

265 ― 276

277 ― 288

289 ― 300

일본 네이티브가 매일 쓰는 이 입말

이해할 수 있나요?

256위 **過ぎたことにこだわるなよ。**

B 過ぎたことにこだわるなよ。前向きに行こうぜ。

A 何言ってんのよ。ちゃんと責任取りなさいよ!

257위 **貧乏揺すりすんな。**

B おい、貧乏揺すりすんな。気が散る。

C あ、またやってた? ごめん。

258위 **無一文なの。**

C 明日みんなでピクニック行くつもりだけど、一緒に行かない?

C ここんとこバイトしてなくて無一文なの。残念だけど、また
今度誘って。

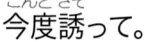

235

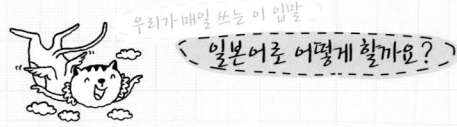

259위 일찍 자리에서 일어서려는 사람을 붙잡을 때

아직 초저녁이잖아.

C: 슬슬 집에 가야지.
C: 아직 초저녁이잖아. 조금만 더 같이 마시다 가.

260위 사실 관계나 책임을 규명하는 자리에서 계속해서 회피하는
모습을 보일 때

적당히 둘러대려고 하지 마!

A: 적당히 둘러대려고 하지 마! 너밖에 이런 일 할 사람 없잖아.
B: 알았어. 다 말할 테니까 그렇게 화내지 마.

261위 부담 없이 방문할 것을 권유하는 표현

언제든지 놀러 와.

C: 신입생 모집중이야! 편하게 언제든지 놀러 와.
C: 포토 써클은 어떤 활동을 하는 곳이에요?

일본 네이티브가 매일 쓰는 이 입말
이해할 수 있나요?

259위 まだ早（はや）いよ。

C　そろそろ帰（かえ）らなきゃ。

C　まだ早（はや）いよ。もうちょっと一緒（いっしょ）に飲（の）んで行（い）きなよ。

260위 ごまかさないで!

A　ごまかさないで! あなた以外（いがい）こんなことする人（ひと）いないんだから。

B　分（わ）かったよ。全部（ぜんぶ）言（い）うからそう怒（おこ）んなよ。

261위 いつでも遊（あそ）びに来（き）てね。

C　新入生募集中（しんにゅうせいぼしゅうちゅう）だよ! 気軽（きがる）にいつでも遊（あそ）びに来（き）てね。

C　フォトサークルではどんなことをするんですか。

237

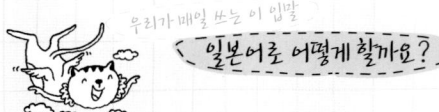

262위 곤란한 상황에서 친구에게 조언을 구할 때

어떻게 해야 할지 모르겠어.

B: 실은 어제 아내가 집을 나갔어. 이런 일 처음이라 어떻게 해야 할지 모르겠어.

B: 처가에 가 있는거 아니야? 전화해봐.

263위 약속 시간을 어기는 사람에 대해 부정적으로 생각한다는 표현

시간 안 지키는 사람 싫더라.

A: 요전 데이트 때 1시간이나 기다린거 있지.

A: 뭐! 난 시간 안 지키는 사람 싫더라.

264위 매우 감동적이거나 끔찍한 일을 접했을 때

소름이 쫙 끼쳤어요.

C: 그의 바이올린 연주를 처음 들었을 땐 소름이 쫙 끼쳤어요.

C: 그 나이에 그렇게 감성이 넘치는 연주를 할 수 있다니 그는 정말 천재인 것 같아요.

일본 네이티브가 매일 쓰는 이 입말
이해할 수 있나요?

262위
どうしていいか分からないよ。

B 実は昨日妻が家出したんだ。こういうことって初めてだ

からどうしていいか分からないよ。

B 実家に戻ってるんじゃないか。電話してみろよ。

263위
時間にルーズな人ってきらい。

A この前、デートに1時間も待たされたのよ。

A えー! 私時間にルーズな人ってきらい。

264위
鳥肌が立ちました。

C 彼のバイオリンの演奏を初めて聞いた時は鳥肌が立

ちました。

C あの年であれだけ感性の溢れる演奏ができるなんて、

彼はまさに天才ですよね。

265위 – 276위

265위 완전 바람둥이야.

266위 속도위반이래.

267위 너 완전 공주병이구나.

268위 뜸들이지 말고 지금 말해.

269위 그런 기대 하지 마.

270위 끝까지 좀 들으라고!

271위 이게 말이 돼?

272위 잔소리 좀 그만해!

273위 가위바위보로 정하자.

274위 정말 완벽해!

275위 저리 가!

276위 바빠 죽을 지경이에요.

265위 ― 276위

265위 超浮気者だよ。

266위 できちゃった結婚なんだって。

267위 あんた超ぶりっこだね。

268위 じらさないで今言えよ。

269위 そんな期待するなよ。

270위 最後まで聞けよ!

271위 こんなのってあり？

272위 小言はもうそれくらいにしてよ!

273위 じゃんけんで決めよう。

274위 マジ完璧!

275위 あっち行け!

276위 忙しくて目が回りそうです。

265위 곧잘 여러 사람에게 작업을 거는 사람을 보고

완전 바람둥이야.

A: 나 개랑 사귀기로 했어.
C: 뭐! 걔 완전 바람둥이야. 관둬.

266위 혼전 임신인 커플에 대해 소곤대는 말

속도위반이래.

A: 속도위반이래. 게다가 이혼녀!
C: 정말?! 저렇게 젊은데 믿을 수 없어!

해설: 「できちゃった結婚」은 임신하고 하는 결혼을 일컫는 말이다.

267위 예쁜 척이나 귀여운 척 하는 행동이 두드러지는 아이에게

너 완전 공주병이구나.

A: 뭐어~. 하지만 유리는 그런거 무서워서 못하겠는걸.
C: 너 완전 공주병이구나.

일본 네이티브가 매일 쓰는 이 말말
이해할 수 있나요?

265위 超浮気者だよ。
ちょう うわ き もの

A 私 彼と付き合うことにしたんだ。
わたし かれ つ あ

C え~! あいつ超浮気者だよ。やめときなよ。
ちょう うわきもの

266위 できちゃった結婚なんだって。
けっこん

A できちゃった結婚なんだって。しかもバツいちよ。
けっこん

C うそ! あの若さで信じられない!
わか しん

267위 あんた超ぶりっこだね。
ちょう

A ええ、でもぉゆりはそんなこと怖くてできないしぃ~。
こわ

C あんた超ぶりっこだね。
ちょう

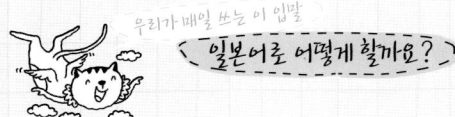

268위 궁금한 것이 있어 안달이 나 있을 때

뜸들이지 말고 지금 말해.

B: 뜸들이지 말고 지금 말해.
C: 조금만 더 기다려. 다들 모이면 말할테니까.

269위 지나친 기대를 갖는 사람에게

그런 기대 하지 마.

B: 누군가가 어떻게든 해주겠지 하는 그런 기대는 하지 마. 본인
일은 본인이 어떻게든 해.
A: 차갑구나.

270위 대화에 집중하지 않고 자꾸 딴 짓을 하거나 말을 돌리는 친구에게

끝까지 좀 들으라고!

B: 야, 중요한 이야기니까 끝까지 좀 들으라고!
B: 그럼 바쁘니까 빨리 좀 말해.

일본 네이티브가 매일 쓰는 이 말말

이해할 수 있나요?

268위 じらさないで今言えよ。

B じらさないで今言えよ。

C もうちょっと待って。みんな集まってから言うから。

269위 そんな期待するなよ。

B 誰かが何とかしてくれるだろうなんてそんな期待するなよ。
自分のことは自分で何とかしろ。

A 冷たいわね。

270위 最後まで聞けよ!

B おい、大事な話してんだから最後まで聞けよ!

B じゃあ忙しいんだからさっさと言えよ。

271위 부당한 상황을 겪었을 때

이게 말이 돼?

C: 고생해서 했는데 마감 날짜를 잘못 알고 있었다니 이게 말이 돼?
C: 그래서 결국 출품 못했구나.

272위 여러 차례 잔소리를 들어 참기 힘들 때

잔소리 좀 그만해!

C: 그러니까 그렇게 빨리하라고 했더니.
A: 잔소리 좀 그만해! 이제와서 그런 얘기 해봤자 소용없잖아.

273위 어떠한 일을 결정하는데 있어 운에 맡길 때

가위바위보로 정하자.

C: 그럼 가위바위보로 정하자.
B: 그래. 가위바위보!

해설 : 가위바위보는 「じゃんけんぽん」을 줄여 「じゃんけん」이라고도 하며, 제비뽑기는 「くじ引き」라고 한다.

일본 네이티브가 매일 쓰는 이 말말
이해할 수 있나요?

271위 こんなのってあり?

C 苦労してやったのに締め切りの日にち間違えてたなんて、

こんなのってあり?

C で、結局出品できなかったんだ。

272위 小言はもうそれくらいにしてよ!

C だからあれほど早くしろって言ったのに。

A 小言はもうそれくらいにしてよ! 今更言ったってしょうがないでしょ。

273위 じゃんけんで決めよう。

C じゃあ、じゃんけんで決めよう。

B おう。じゃんけんぽん!

247

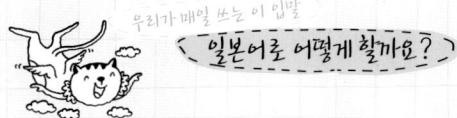
274위 어디 하나 흠잡을 데 없이 훌륭할 때

정말 완벽해!

B: 이 완성도 좀 봐! 정말 완벽해!
B: 어디가! 여기 전혀 안했잖아.

275위 누군가가 곁에 있는 것이 방해되거나 신경 쓰일 때

저리 가!

B: 저리 가! 걸리적거려.
A: 저, 여긴 내자린데요.

276위 쉴 틈이 없이 너무나도 바쁠 때

바빠 죽을 지경이에요.

C: 매일매일 바빠 죽을 지경이에요.
C: 연말이니까 어쩔 수 없잖아. 조금만 더 힘내자!

일본 네이티브가 매일 쓰는 이 입말

이해할 수 있나요?

274위
マジ完璧！
かんぺき

B この完成度を見ろ！マジ完璧！
かんせいど　み　　　　　　　かんぺき

B どこがだよ。ここんところ全然やってないだろ。
ぜんぜん

275위
あっち行け！
い

B あっち行け！邪魔だ邪魔だ。
い　　じゃま　じゃま

A あの~。ここは私の席なんですが。
わたし　せき

276위
忙しくて目が回りそうです。
いそが　　　　め　　まわ

C 毎日毎日、忙しくて目が回りそうです。
まいにちまいにち　いそが　　　め　まわ

C 年末だから仕方ないよ。もうちょっと頑張ろう！
ねんまつ　　　　しかた　　　　　　　　　　がんば

249

277위 – 288위

277위 개운하다!

278위 생각보단 별로네.

279위 정말 허술해.

280위 맛이 밍밍해.

281위 건방진 소리 하지 마.

282위 곱슬머리라 비오는 날엔 큰일 나.

283위 뱃살 좀 빼야지.

284위 거짓말하는 거 다 티나.

285위 걔 얼굴 짱 크지.

286위 목이 쉬었어.

287위 두고 보자.

288위 고민한다고 답이 나오냐.

277位 – 288位

277位 さっぱりした!

278位 思ったよりはあんまりだね。

279位 すきだらけだよ。

280位 味が薄いよ。

281位 生意気なこと言うな。

282位 天パーだから雨の日は大変だよ。

283位 お腹の肉落とさなきゃ。

284位 ウソついてんの見え見え。

285位 あいつ、すっげー頭でっかちだよね。

286位 のどがいかれちゃった。

287位 おぼえてろよ。

288位 悩んでも答えは出ないだろ。

277위 기분이 맑고 상쾌할 때

개운하다!

C: 아~ 개운하다!
C: 벌써 샤워했어?

278위 기대에 미치지 못하는 대상에 대해

생각보단 별로네.

C: 이 디자인, 생각보단 별로네.
C: 그럼 다른걸로 할래?

279위 한 사람의 특성에 대해 제 3자에게 이야기할 때

정말 허술해. (정말 엉성해.)

C: 쟤 좀 무서워, 그치?
B: 쟤 겉보기와 다르게 정말 허술해. 좋은 녀석이야.

일본 네이티브가 매일 쓰는 이 말말

이해할 수 있나요?

277위 **さっぱりした！**

C あ～ さっぱりした！

C もうシャワー浴びたの？

278위 **思ったよりはあんまりだね。**

C このデザイン、思ったよりはあんまりだね。

C じゃあ他のにする？

279위 **すきだらけだよ。**

C あの子ってちょっと怖いよね。

B あいつ見た目とちがってすきだらけだよ。いい奴だよ。

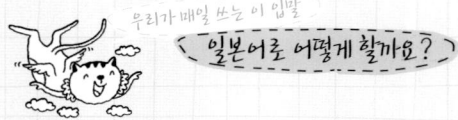

280위 음식 맛에 대한 평가

맛이 밍밍해.

C: 이 된장국 맛이 밍밍해.
C: 아! 소금 넣는 것 깜빡했다. 미안.

281위 주제넘는 소리를 하거나 그런 태도를 보이는 사람에게

건방진 소리 하지 마.

C: 그러니까 그만큼 안 된다고 했건만.
B: 건방진 소리 하지 마. 너가 뭘 안다고.

282위 곱슬머리의 고충을 이야기할 때

곱슬머리라 비오는 날엔 큰일 나.

C: 오늘 왜 지각했어?
C: 머리 세팅하는데 시간이 좀 걸려서. 곱슬머리라 비오는 날엔 큰일 나.

해설 : 곱슬머리는 일본에서 「天然（てんねん）パーマ」라고 하며, 이를 줄여 「天（てん）パ」라고도 한다.

일본 네이티브가 매일 쓰는 이 말말

이해할 수 있나요?

280위 味が薄いよ。

C この味噌汁、味が薄いよ。

C あ! 塩入れるの忘れてた! ごめん。

281위 生意気なこと言うな。

C だからあれほどダメだって言ったのに。

B 生意気なこと言うな。お前に何が分かる。

282위 天パーだから雨の日は大変だよ。

C 今日何で遅刻したの?

C 髪のセッティングに時間かかっちゃって。天パーだから雨の日は大変だよ。

255

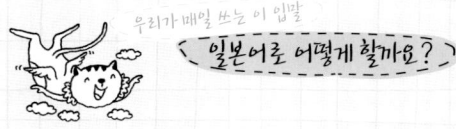
283위 살 쪄서 배 주위에 살이 많아졌을 때

뱃살 좀 빼야지.

C: 요즘 방심했더니 체중이 늘어버렸어. 다이어트 하지 않으면 큰일이
라니까. 특히 뱃살 좀 빼야지.
B: 하지마. 통통한게 더 귀여워.

284위 거짓말하는게 서툴러 그 말이 진실이 아님을 쉽게 알 수
있을 때

거짓말하는 거 다 티나.

B: 난 정말 아무것도 모른다니까.
C: 거짓말하는 거 다 티나.

285위 얼굴이 매우 큰 사람에 대해 이야기할 때

걔 얼굴 짱 크지.

B: 걔 얼굴 짱 크지. 뒷좌석에 앉으면 칠판이 하나도 안보여.
B: 맞아맞아. 심하지.

일본 네이티브가 매일 쓰는 이 말말

이해할 수 있나요?

283位

お腹の肉落とさなきゃ。

C 最近気を抜いたら体重増えちゃってさ。ダイエットしなきゃ大変だよ。特にお腹の肉落とさなきゃ。

B やめとけよ。ぽっちゃりの方がかわいいぜ。

284位

ウソついてんの見え見え。

B 俺は本当に何も知らないんだってば。

C ウソついてんの見え見え。

285位

あいつ、すっげー頭でっかちだよね。

B あいつ、すっげー頭でっかちだよね。後ろの席だと黒板が全然見えないの。

B 分かる分かる。ひでーよな。

257

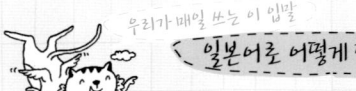

286위 목이 따끔따끔하고 목소리가 심하게 변했을 때

목이 쉬었어.

C: 어제 노래방에서 너무 많이 불렀나봐. 목이 쉬었어.
B: 대체 얼마나 부른거야.

287위 상대방의 기분 나쁜 말이나 행동에 대해 앙갚음을 예고하는 표현

두고 보자.

B: 인기 좀 있다고 뻐기긴. 두고 보자.
C: 그쯤에서 그만 두지 그래. 너 보기 안 좋아.

288위 오랫동안 어떤 문제로 끙끙 앓고 있는 친구를 격려하는 말

고민한다고 답이 나오냐.

B: 고민한다고 답이 나오냐. 직접 가서 물어봐.
A: 그게 그렇게 쉬운게 아니니까 고민하고 있는거잖아.

일본 네이티브가 매일 쓰는 이 입말

이해할 수 있나요?

286위 **のどがいかれちゃった。**

C 昨日（きのう）カラオケで歌（うた）いすぎたかな。

のどがいかれちゃった。

B どんだけ歌（うた）ったんだよ、一体（いったい）。

287위 **おぼえてろよ。**

B ちょっともてたくらいでいい気（き）になりやがって。

おぼえてろよ。

C それくらいにしなよ。負（ま）け犬（いぬ）の遠吠（とおぼ）えみたいだよ。

288위 **悩（なや）んでも答（こた）えは出（で）ないだろ。**

B 悩（なや）んでも答（こた）えは出（で）ないだろ。

直接（ちょくせつ）行（い）って聞（き）いてみろよ。

A それがそんなに簡単（かんたん）じゃないから悩（なや）んでるんでしょ。

289위 – 300위

289위 걔 원래 그런 애야.

290위 지금 나 놀리는 거야?

291위 생각이 날 듯 말 듯 해.

292위 더워죽겠어.

293위 늘 그런 식이잖아.

294위 이제 그 얘기 좀 그만하자.

295위 그걸 꼭 말로 해야 되니?

296위 꿈지럭거리면 놔두고 갈 거야.

297위 제 말이 그 말이에요.

298위 이거 돈 모아서 겨우 샀어.

299위 하루종일 집에서 뒹굴거렸어.

300위 왜 갑자기 정색하고 그래.

289位 – 300位

289位 あいつは元々(もともと)そんなやつだよ。

290位 私(わたし)のことからかってるわけ？

291位 思(おも)い出(だ)せそうで思(おも)い出(だ)せない。

292位 暑(あつ)くて死(し)にそう。

293位 いつもそんな調子(ちょうし)じゃん。

294位 もうその話(はなし)はやめよう。

295位 言(い)わなきゃ分(わ)かんないわけ？

296位 ぐずぐずしてるとおいていくよ。

297位 全(まった)くその通(とお)りです。

298位 これ、お金(かね)貯(た)めてやっと買(か)ったんだよ。

299位 一日中家(いちにちじゅういえ)でゴロゴロしてた。

300位 何急(なにきゅう)に真顔(まがお)になってんだよ。

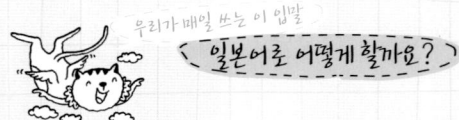

289위 어떤 사람의 성향을 이해시킬 때

걔 원래 그런 애야.

A: 중요한 회의인데 걔 말도 안되는 차림으로 온거 있지.
C: 걔 원래 그런 애야. 꽤 재미있는 녀석이지?

290위 상대방의 행동으로 기분이 몹시 상했을 때

지금 나 놀리는 거야?

A: 작다고 지금 나 놀리는 거야?
C: 아니야. 그럴 리 없잖아.

291위 기억이 가물가물할 때

생각이 날 듯 말 듯 해.

C: 음……, 뭐였더라? 생각이 날 듯 말 듯 해.
C: 차라리 인터넷으로 알아보지 그래?

262

일본 네이티브가 매일 쓰는 이 입말

이해할 수 있나요?

289위 あいつは元々（もともと）そんなやつ
だよ。

A 大事（だいじ）な会議（かいぎ）なのに彼（かれ）ったら信（しん）じられない格好（かっこう）して来（き）
たのよ。

C あいつは元々（もともと）そんなやつだよ。
結構（けっこう）おもしろい奴（やつ）でしょ。

290위 私（わたし）のことからかってるわけ？
=俺（おれ）のことからかってるわけ？

A 小（ちい）さいからって私（わたし）のことからかってるわけ？

C 違（ちが）うよ。そんなわけないじゃん。

291위 思（おも）い出（だ）せそうで思（おも）い出（だ）せない。

C え〜っと、何（なん）だったっけなぁ。思（おも）い出（だ）せそうで思（おも）い出（だ）せない。

C いっそネットで調（しら）べてみれば？

263

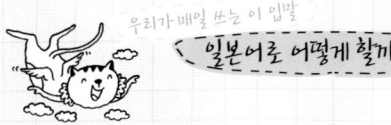
우리가 매일 쓰는 이 입말
일본어로 어떻게 할까요?

292위 어떤 상황을 강조해서 말할 때

더워죽겠어.

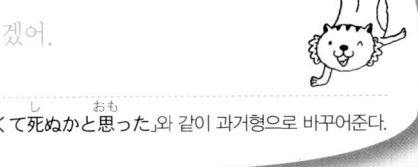

C: 난방 온도 좀 낮추자. 더워죽겠어.
B: 그치? 아예 꺼버릴까?

해설 : 지나간 상황에 대해 이야기할 때는「暑くて死ぬかと思った」와 같이 과거형으로 바꾸어준다.

293위 상대방의 방식이 마음에 들지 않을 때

늘 그런 식이잖아.

A: 넌 늘 그런 식이잖아. 혼자 착한 척 하고.
B: 오해야. 부탁이니까 내 얘기를 들어줘.

294위 계속해서 같은 이야기만 반복하는 친구에게 지겨움을 표현할 때

이제 그 얘기 좀 그만하자.

B: 이제 그 얘기 좀 그만하자. 몇 번이나 이야기 했잖아.
B: 그래도 결국엔 아무런 결론도 내지 못했잖아.

292위 暑^{あつ}くて死^しにそう。

C ちょっと暖房^{だんぼう}の温度^{おんどさ}下げようよ。暑^{あつ}くて死^しにそう。

B そうだよな。もう消^けしちゃおうか。

293위 いつもそんな調子^{ちょうし}じゃん。

A あんたはいつもそんな調子^{ちょうし}じゃん。
一人^{ひとり}でいい子^こぶって。

B 誤解^{ごかい}だよ。お願^{ねが}いだから俺^{おれ}の話^{はなし}を聞^きいてくれ。

294위 もうその話^{はなし}はやめよう。

B もうその話^{はなし}はやめよう。何回^{なんかい}も話^{はな}し合^あったじゃないか。

B でも、結局^{けっきょく}は何^{なん}の結論^{けつろん}も出^でなかっただろ。

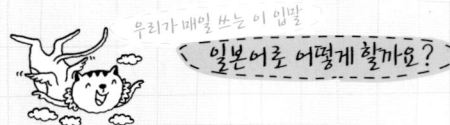

295위 당연한 것에 대해 물어볼 때

그걸 꼭 말로 해야 되니?

B: 왜 그래? 왜 갑자기 화내는건데?
A: 그걸 꼭 말로 해야 되니? 너 따위 최악이야!

296위 출발이 늦는 친구를 재촉할 때

꿈지럭거리면 놔두고 갈 거야.

A: 빨리해! 꿈지럭거리면 놔두고 갈 거야.
C: 기다려. 두고가지 마.

297위 상대방의 의견이 나의 의견과 정확히 맞아 떨어질 때

제 말이 그 말이에요.

C: 이 그림은 완성도도 떨어지고 무엇보다도 다른 작품과의 조화가
이루어지지 않고 있네요.
C: 제 말이 그 말이에요.
그런데 아무도 이의를 제기하지 않는다니까요.

일본 네이티브가 매일 쓰는 이 일말
이해할 수 있나요?

295위 言わなきゃ分かんないわけ?

B どうしちゃったんだよ。何でいきなり怒るんだよ。
A 言わなきゃ分かんないわけ? あんたなんか最低!

296위 ぐずぐずしてるとおいていくよ。

A 早くして! ぐずぐずしてるとおいていくよ。
C あ、待って。おいて行かないで。

297위 全くその通りです。

C この絵は完成度も落ちるし、第一、他の作品との調和が
とれてないね。
C 全くその通りです。
なのに誰も異議を唱えないっていうか。

267

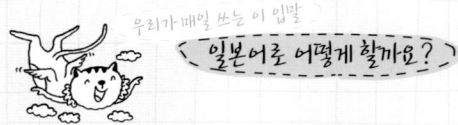
298위 굉장히 비싼 물건을 산 것에 대해 자랑하고자 할 때

이거 돈 모아서 겨우 샀어.

C: 이거 돈 모아서 겨우 샀어.
C: 아, 전부터 사고싶어했던거지! 잘됐네.

299위 나태한 하루를 보내고 나서

하루종일 집에서 뒹굴거렸어.

C: 주말에 뭐했어?
C: 딱히 아무것도 안했어. 그냥 하루종일 집에서 뒹굴거렸어.
C: 그렇구나. 가끔씩은 집에서 느긋하게 쉬는 것도 좋지.

300위 별안간 진지한 표정을 짓고 이야기하는 친구에게

왜 갑자기 정색하고 그래.

A: 왜 사전에 말 안해준거야. 너무한거 아니야?
B: 왜 갑자기 정색하고 그래. 안어울리니까 그만해.

일본 네이티브가 매일 쓰는 이 입말

이해할 수 있나요?

298위

これ、お金貯めてやっと
買ったんだよ。

C これ、お金貯めてやっと買ったんだよ。

C あ、前から欲しがってたやつね。よかったね。

299위

一日中家でゴロゴロしてた。

C 週末何してたの？

C 特に何も。ただ一日中家でゴロゴロしてた。

C そっか。たまには家でのんびりもいいよね。

300위

何急に真顔になってんだよ。

A 何で前もって言ってくれなかったのよ。ひどいじゃない。

B 何急に真顔になってんだよ。似合わないからやめろよ。

색인